MÉMOIRES D'UN CITOYEN

CONCERNANT LES

ÉVÉNEMENTS DE LYON

EN

1870-1871

PAR

PIERRE VALIN

> **SOMMAIRE.** — Le voyage de l'impératrice et du prince impérial. — Les réunions publiques. — Le plébiscite. — La guerre dynastique. — Les premiers désastres. — Les rassemblements et les démonstrations aux Terreaux. — Les désordres et les voies de fait. — Le 4 Septembre. — Le patriotisme lyonnais. — La tentative du 28 septembre. — Le meurtre du commandant Arnaud. — Le mouvement du 22 mars. — L'insurrection du 30 avril.

Prix : **1** franc.

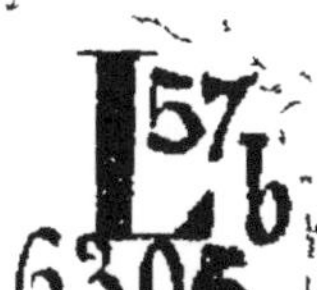

EN VENTE CHEZ LES LIBRAIRES

LYON - 1877

MÉMOIRES D'UN CITOYEN

IMPRIMERIE DE Vᵉ FRANÇOIS LÉPAGNEZ

PETITE RUE DE CUIRE, 10.

MÉMOIRES D'UN CITOYEN

CONCERNANT LES

ÉVÉNEMENTS DE LYON

EN

1870-1871

PAR

PIERRE VALIN

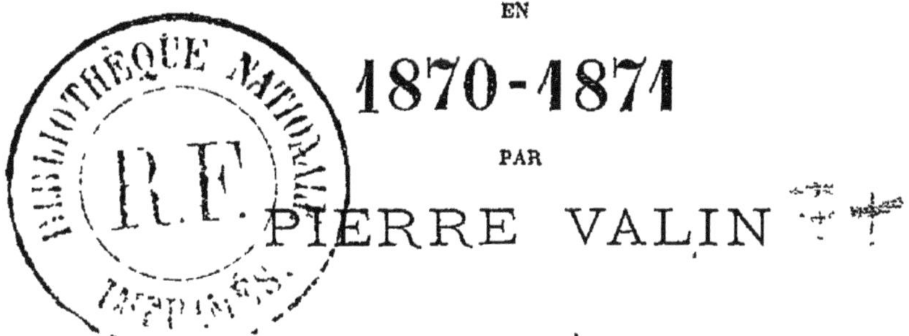

> **SOMMAIRE.** — Le voyage de l'impératrice et du prince impérial. — Les réunions publiques. — Le plébiscite. — La guerre dynastique. — Les premiers désastres. — Les rassemblements et les démonstrations aux Terreaux. — Les désordres et les voies de fait. — Le 4 Septembre. — Le patriotisme lyonnais. — La tentative du 28 septembre. — Le meurtre du commandant Arnaud. — Le mouvement du 29 mars. — L'insurrection du 30 avril.

Prix : **1** franc.

EN VENTE CHEZ LES LIBRAIRES

LYON - 1877

PRÉFACE

L'histoire des événements politiques dont Lyon a été le théâtre pendant les années 1870 et 1871, est encore à faire. Elle a été à peine ébauchée par quelques publicistes ou par des politiciens, la plupart ennemis de la République et de la démocratie, qui, de parti pris, égarés par leurs passions réactionnaires, ou sinon par des renseignements erronés, ont tracé des événements de Lyon un tableau vraiment fantasmagorique et trop chargé de sombres couleurs.

Dans l'intérêt de la vérité historique outragée ou méconnue, il est temps de substituer à la fantasmagorie un tableau exact, sincère et moins incomplet de ces événements.

L'auteur des *Mémoires d'un Citoyen* a entrepris cette tâche. Cependant, comme le titre de son

ouvrage l'indique bien, il n'a pas eu la préten-
tion d'écrire des annales sans lacunes ; les
Mémoires d'un Citoyen ne sont, en effet, qu'un
simple témoignage, une sorte de déposition
individuelle devant l'histoire de ce que leur
auteur a vu par lui-même ou des renseignements qu'il a pu recueillir.

Tour à tour reporter ou secrétaire de la rédaction du *Progrès,* en 1870 et 1871, l'auteur a eu
l'occasion et presque l'obligation professionnelle
d'être le témoin de la plupart des événements de
ces deux années si agitées, ou de recueillir des
informations prises aux sources vives ; en
outre, une correspondance aussi variée que
considérable, foisonnant de détails curieux et
inédits, lui est passée sous les yeux, si bien
qu'il n'est pas d'événement dont il ne puisse
faire connaitre avec quelque précision les circonstances les plus intéressantes.

Le lecteur ne trouvera pas seulement dans
les pages suivantes les traits principaux des
événements, mais encore beaucoup de petits

faits, d'épisodes, d'incidents restés dans l'ombre, miettes de l'histoire pour ainsi dire, qui ont toutefois leur importance, qui souvent caractérisent les hommes et les choses, et rarement manquent d'un vif attrait.

Maintenant, l'auteur des *Mémoires d'un Citoyen* doit le dire : ce petit volume n'est qu'une partie de son œuvre ; si cette publication est accueillie sympathiquement, il fera paraître une seconde partie plus considérable, qui complétera la première.

Alors il aura rempli la tâche utile qu'il s'est proposée, celle de contribuer à rendre aux événements de Lyon leur véritable physionomie, qui n'est certes point défavorable, comme les écrivains réactionnaires ont voulu le faire entendre, à la population de notre patriotique et républicaine cité.

MÉMOIRES D'UN CITOYEN

CONCERNANT LES

ÉVÉNEMENTS POLITIQUES DE LYON

PENDANT LES ANNÉES 1870-1871

I

LE VOYAGE DE L'IMPÉRATRICE ET DU PRINCE IMPÉRIAL

Avant de parler des événements qui marquèrent à Lyon les années 1870 et 1871, je dois dire quelques mots du voyage de l'impératrice et du prince impérial, qui fut, en quelque sorte, précurseur de ces événements.

Dès l'année 1869, l'empire se mourait ; pour se revivifier, il était décidé à user de tous les moyens, même d'un bain de sang humain et français ; mais il essaya d'abord de moyens moins horribles, entre autres, le voyage en Corse de l'impératrice et de son fils, à propos du Centenaire de Napoléon Ier.

Pour accomplir ce voyage, l'impératrice et son fils

avaient à traverser une grande partie de la France. Ceux qui les mirent en route espéraient que les sympathies s'éveilleraient à la vue d'une femme et d'un enfant qui n'avaient point participé aux crimes du coup d'Etat.

Lyon était l'étape importante du voyage. Eugénie et son rejeton malingre y arrivèrent le 25 août 1869.

La réception fut d'une froideur significative. Pas le moindre enthousiasme populaire. Vainement la police avait recruté de nombreuses escouades d'agents secrets auxquels elle payait trois à quatre francs par jours pour crier « Vive l'impératrice et le prince impérial! » sur le passage du cortége souverain. Ces vivats achetés restèrent sans écho, et ne suffirent point à simuler la voix du peuple.

Mais ce ne fut pas seulement l'enthousiasme des citadins qui fit défaut.

Les organisateurs du voyage n'avaient rien négligé pour attirer à Lyon les populations rurales de toute la région ; ils avaient, longtemps d'avance, annoncé par affiches et réclames le voyage du Centenaire, comme on annoncerait un spectacle extraordinaire, cavalcade ou pièce de cirque, et le prix des places au chemin de fer avait été abaissé dans une mesure peu usitée. La cohue des paysans fut donc considérable ; mais ils n'apportèrent qu'un maigre appoint aux démonstrations policières : dans les campagnes, comme dans les villes, les gens étaient dégrisés de la légende napoléonienne.

Non-seulement le peuple, mais la haute bourgeoisie

lyonnaise témoigna une grande froideur envers les *augustes voyageurs.*

La gent officielle, renforcée d'un gentilhomme campagnard et d'un virtuose d'orphéon, fut seule à rendre des hommages. En quelques endroits, ce ne fut pas seulement de la froideur, mais des visages hostiles que l'impératrice et le prince impérial rencontrèrent.

A la Croix-Rousse, elle ne fut acclamée que par des marguilliers et une demi-douzaine de dévotes réunis devant l'église Saint-Bernard, dont elle visita les travaux de construction.

Non-seulement les visages, mais les propos aussi étaient hostiles parfois, et cela dans les quartiers du centre comme dans les faubourgs. Il me souvient, par exemple, avoir entendu dire à un bourgeois : « Si les « impôts sont lourds, si l'empire nous fait suer notre « or, c'est pour payer le luxe scandaleux de cette im- « pératrice d'aventure. »

Sur le compte du prince impérial, on murmurait les choses les plus amères ; on l'accusait de dépravation précoce, on citait des exemples de sa méchanceté qui ne laissaient pas espérer qu'il serait un homme moins dangereux et pervers que Napoléon III.

Les foules sarcastiques, impitoyables, sont le châtiment des souverains qui, comme le César de Décembre, ont fait litière de la probité et de la morale politiques pour satisfaire leurs ambitions atroces et leurs vils appétits.

Lorsque les souverains, ou ceux qui les touchent de près, rencontrent de semblables foules sur leur passage, ils peuvent se dire que l'heure de l'épilogue funeste pour eux n'est pas éloignée.

L'impératrice et son fils ne restèrent que trois jours à Lyon, mais ce séjour fut néanmoins assez long pour les décevoir rudement, s'ils avaient espéré l'accueil empressé des populations, ou seulement leur indifférence.

Napoléon III dut devenir songeur lorsque, dans le secret du tête-à-tête, Eugénie, à son retour, lui dit la vérité sur son voyage.

La province, comme Paris, la seconde ville de France, comme la première, apparut au triste sire moralement révoltée contre lui, et ce fut dès lors peut-être qu'il rêva au plébiscite et à la guerre, comme à de nouveaux moyens de conserver le pouvoir qui lui échappait.

II

LES RÉUNIONS PUBLIQUES

Le plébiscite décidé, puis préparé, machiné dès les premiers jours de l'année terrible 1870, eut pour prologue à Lyon de nombreuses réunions publiques.

L'empire, après avoir pendant longtemps interdit ou entravé ces réunions, leur laissa une certaine latitude au moment où il revêtit la peau du libéralisme pour mieux abuser les populations. Mais, à Lyon, la tactique ne tourna pas à son profit ; les réunions prirent toutes un caractère anti-plébiscitaire et même républicain.

L'esprit de parti a fort défiguré ces réunions. Il en a été publié des comptes-rendus falsifiés et effrayants dans presque toutes les feuilles conservatrices.

Les réunions n'offraient, en réalité, rien de subversif, et elles présentaient l'avantage de former le peuple à la vie politique.

C'est à la Rotonde qu'eurent lieu les plus importantes.

La plupart réunirent plusieurs milliers de citoyens.

Dans diverses autres salles, à la salle Valentino (Croix-Rousse), au restaurant Mille (Saint-Just), au Bal-Parisien (Guillotière), au Théâtre-Noël (Vaise), il y eut également des réunions, mais un peu moins nombreuses, par suite de l'insuffisance des locaux.

Les orateurs ne firent pas plus défaut aux réunions que les auditeurs. Presque tous honnissaient l'empire.

Andrieux fut le plus populaire de ces orateurs. Il avait la fibre tribunitienne. Son éloquence, acerbe le plus souvent, était bien celle qui convenait pour battre en brèche l'empire odieux, dont il abîmait les institutions et les créatures. Un essaim de guêpes rouges aux prises avec les frelons impériaux, voila l'image des discours passionnés et passionnants d'Andrieux.

Un autre avocat du barreau de Lyon, Louis Guillot, fit aussi des apparitions à la tribune des réunions publiques ; mais, moins véhément qu'Andrieux, il passionnait moins son auditoire. D'ailleurs, il parla quelquefois seulement. Il prononça à la Rotonde un discours remarquable sur la constitution impériale, dont il fit très-bien ressortir les graves défauts.

Un troisième orateur, Jules Frantz, était assez assidu aux réunions. Il avait une verve gouailleuse, endiablée, pamphlétaire même. Il éreintait avec entrain le sire...... de Framboisy et ses féaux, comme il lui arrivait, en simulant l'inadvertance, de nommer un autre sire et ses complices.

Il apportait tant d'ardeur dans ses éreintements, qu'il effarouchait les esprits parlementaires.

Jules Frantz complétait parfois ses pittoresques discours de gestes inénarrables : dans une réunion, parlant de l'usage qu'il fallait faire des bulletins plébiscitaires, il en prit un où le mot *oui* était imprimé en lettres majuscules immenses, et fit avec désinvolture le geste de s'essuyer..... au moyen de ce bulletin.

Hors ces gamineries audacieuses et indécentes de Jules Frantz, la tribune des réunions fut presque toujours une scène sérieuse.

Un soir, à la tribune de la Rotonde, un orateur inconnu apparut. Vêtu d'habits rapés, le visage ascétique, les cheveux blancs, le regard animé, l'attitude un peu théâtrale, mais non dépourvue d'une certaine solennité, cet homme produisit, par sa seule apparition, un certain émoi.

Tandis qu'avant de prendre la parole, il déclinait, à demi-voix au président ses nom et qualité, on disait dans l'auditoire : « C'est un martyr du Deux-Décembre, c'est un déporté revenu de Cayenne. » Tout cela n'était peut-être qu'une légende ; mais les martyrs de la liberté avaient été si nombreux depuis le coup d'Etat, qu'en un vieillard républicain militant on pouvait presque à coup sûr supposer une victime, un persécuté du Deux-Décembre.

Le discours que prononça l'inconnu fut bien celui qu'aurait pu faire le spectre de Banco du coup d'Etat. Amer, sanglant, il dit de l'empire ce qu'en pensaient les cœurs virils ayant conservé sans lassitude, sans défaillance, pendant dix-huit ans, la haine vivace du parjure et du crime triomphant.

Cet orateur sympathique se nommait Legouër. Il

n'avait pas été déporté, mais exilé; il avait couru l'Europe tantôt professeur de géologie, tantôt artiste dramatique, souvent mourant de faim et subissant des misères comme pas un émigré de la première Révolution. Telle est la biographie qu'on m'a donnée de Legouër, dont l'éphémère popularité fut considérable pendant la période d'agitation qui précéda et suivit le plébiscite.

Il faut citer encore, parmi les orateurs des réunions, Denis Brack, le rédacteur en chef de l'*Excommunié*. Denis Brack était ordinairement modéré dans ses discours. Il a été accusé de beaucoup de méfaits après le 4 Septembre, mais condamné par contumace.

Chanoz, le poète des *Sonnets trouvés*, et le *Pierre Lagarguille* du journal de Denis Brack, était aussi au nombre des orateurs. Il se plaisait à montrer les choses de la politique à travers un prisme poétique.

Le docteur Crestin apparut une fois à la tribune de la Rotonde. Sa popularité était immense. Tout le monde avait lu de très-vigoureux articles de lui dans le *Progrès*. Sa lettre au même journal, par laquelle il proposait de répondre le mot de Cambronne à l'interrogation plébiscitaire, avait surtout fait grand bruit.

D'aucuns comptaient que le docteur Crestin allait, à la tribune, dépasser en véhémence même Legouër. Ils furent tout surpris de voir sa modération, et qu'il ne parlait même point le langage des réunions publiques. Effectivement, le docteur Crestin ignorait que l'appellation de citoyen était seule admise, et commença son discours par le mot messieurs.

— Dites citoyens ! crièrent de plusieurs points de la salle nombre de voix.

Force de l'habitude, à maintes reprises, le docteur Crestin émailla encore son discours du mot proscrit comme trop peu civique ; et chaque fois, il y eut un incident.

Cet homme au langage si peu démagogique a été représenté par les organes plébiscitaires comme un pilier des réunions publiques, un épileptique de maratisme. Voilà comment ces organes écrivaient l'histoire.

Parmi les orateurs qui défilèrent à la tribune des réunions publiques, il y eut encore toute une pléïade de jeunes tribuns, inconnus la veille. La plupart étaient doués d'un talent réel, sinon d'une verve entraînante, qui faisait plus d'impression qu'une terne faconde avocassière, et qui donnait une singulière animation aux réunions.

La question plébiscitaire était naturellement traitée de préférence par les orateurs, lesquels n'avaient pas de peine à démontrer ce qu'il y avait d'illusoire dans les apparentes concessions de l'empire nouvellement revêtu de la peau du libéralisme, afin de dissimuler son despotisme hideux sous cette enveloppe, comme le loup de la fable se dissimulait sous la peau de l'agneau.

La conclusion de tous les discours, c'était qu'on devait conserver contre l'empire *libéral* toutes les défiances et toutes les répugnances qu'on avait contre l'empire première manière.

Incidemment, les orateurs étaient amenés à traiter d'autres questions que le plébiscite. Andrieux, par exemple, qui demandait trois révolutions, une politique, une religieuse, une sociale, fit plusieurs excursions sur le terrain de la question sociale, et dit, un soir, qu'il entrevoyait la possibilité d'une réforme modérée de la loi des successions.

Les journaux plébiscitaires saisirent cette occasion pour dire qu'il se débitait dans les réunions des doctrines subversives contre le principe de la propriété.

Devant pareille calomnie, Meynard, un des hommes nouveaux qui s'étaient mêlés au mouvement politique depuis les dernières années, eut une très-heureuse idée ; il rédigea, vint lire à la Rotonde et fit adopter par la réunion une déclaration que la démocatie n'entendait point, même lorsqu'elle détiendrait le pouvoir, porter aucune atteine à la propriété.

Non-seulement cette déclaration fut votée à la Rotonde sans que personne se présentât pour la discuter, mais une véritable ovation fut faite à son auteur.

Un ouvrier tisseur, Laganier, fit aussi une heureuse riposte aux calomnies des feuilles bonapartistes. « On nous prête, dit-il en substance, des intentions que nous n'avons point. Ce que nous voulons, ce n'est pas si noir, si subversif qu'on le croit ou feint de le croire parmi nos adversaires. Il est vrai que l'empire n'est point notre idéal ; mais que voudrions-nous voir à sa place ? Tout simplement ce qui existe aux États-Unis, c'est-à-dire des institutions politiques assez libérales, assez larges pour n'être point une entrave à la marche du progrès social. »

Ce discours eut, comme la déclaration de Meynard, le plus grand succès dans la réunion où il fut prononcé.

Une chose qui fut longuement et vivement discutée dans les réunions, ce fut la réponse à faire à la question posée par l'empire au pays.

Répondre *oui*, personne n'y songeait dans la démocratie.

Mais répondrait-on *non* ou par l'abstention, ou encore par le mot de Cambronne ?

Chaque mode de réponse avait ses partisans, même le mot de Cambronne.

L'abstention fut conseillée par Legouër. « On ne répond point, dit-il, à un régime de violence, de ruse, de proscription et de sang ; on ne peut rien croire de ses promesses les plus libérales ; on le combat par le dédain à défaut d'autres armes. »

La plupart des orateurs abstentionnistes firent trèsbien ressortir de quelle manière ambiguë était posée la question. De sorte que répondre *oui*, c'était acquiescer, en même temps qu'aux réformes libérales, aux institutions impériales prises en bloc, c'est-à-dire à cent mauvaises choses pour une bonne. Répondre *non*, c'était repousser, en même temps que l'autoritarisme odieux issu du coup d'Etat, toute modification atténuante, toute réforme désirable. Cette ambiguïté, habilement combinée par l'empire, était bien faite pour causer une hésitation chez les meilleurs esprits.

Andrieux trouva une bonne réponse à faire à l'empire, une réponse que celui-ci n'avait pas demandée, et qui lui serait souverainement désagréable, c'était celle de vive la République ! qu'il conseilla à chaque votant d'écrire sur le bulletin qu'il déposerait dans l'urne.

Cette proposition, accueillie d'abord avec enthousiasme, vit ensuite le nombre de ses partisans décroître devant certaines considérations de tactique politique qui furent développées par un grand nombre d'orateurs. La considération la plus décisive fut que les campagnes ne s'associeraient peut-être pas à la manifestation républicaine et qu'ainsi la ville aurait l'apparence d'être isolée dans son aversion contre l'empire.

Aux dernières réunions, les partisans du bulletin *non* devinrent de plus en plus nombreux avec ceux de l'abstention. La proposition Andrieux fut à peu près délaissée.

Les dernières réunions n'eurent point toutes lieu à la Rotonde ; il y en eut à la Croix-Rousse, à Saint-Just, à Vaise, à la Guillotière.

J'assistais à la réunion de la Croix-Rousse, tenue à la salle Valentino et marquée par l'incident qui mit Chanet en évidence.

Chanet n'avait point prononcé de discours aux réunions de la Rotonde, mais son début à Valentino fut retentissant. Jeune ouvrier, mis avec une certaine élégance, corps chétif, figure pâle, mais d'une expressive énergie, Chanet avait un extérieur qui frappait.

Dès qu'il eut pris la parole, tout l'auditoire fut attentivement attaché à ses lèvres. Avec une éloquence qui certes n'avait rien d'académique, mais qui vous empoignait, avec une éloquence fiévreuse, enragée pour ainsi dire, il fit le procès de l'empire : les promesses et les serments parjurés, les fusillades des boulevards et du Midi, les proscriptions, Lambessa, Cayenne, il flétrit toutes ces hontes et tous ces crimes de l'empire avec une vigueur furieuse. Il marqua d'un fer rouge le bandit couronné et termina par une métaphore d'une audace rare, qui peut se résumer ainsi : « L'empire, issu du Deux-Décembre, est non moins « sinistre que Montfaucon ; son véritable emblème est « une potence, à laquelle il faut pendre l'empereur. »

A ces paroles de feu, il y eut une explosion d'applaudissements frénétiques dans toute la salle. Un jeune homme, taillé en hercule, ne fit qu'un bond jusqu'à la la tribune et vint embrasser Chanet, le tenant longtemps serré dans ses bras.

Les applaudissements redoublèrent, puis ce furent des cris, des trépignements, des bras qui s'agitaient, toutes les démonstrations possibles d'approbation enthousiaste de l'orateur et de colère ardente contre l'empire.

Quelle somme de mépris et de haines populaires le César décembriste avait amassée contre lui, je ne m'en suis jamais mieux rendu compte que par cet incident.

Andrieux prit la parole après Chanet, et dit qu'il

comprenait les sentiments que le jeune et sympathique orateur venait d'exprimer.

L'attitude de la salle disait combien les mêmes sentiments animaient tous les cœurs.

Jeté dans cette salle, un appel à l'insurrection y eût trouvé des échos. Evidemment, il y avait dans le peuple, t ujours généreux de son sang, des velléités de répondre à l'empire, non plus par des bulletins de vote, mais par des coups de fusil.

Très-sages furent les orateurs de la réunion qui ne poussèrent pas plus loin, c'est-à-dire jusqu'au paroxysme, les colères de la foule républicaine rassemblée à Valentino, car il aurait pu s'en suivre une prise d'armes qui eût ensanglanté la cité, sans résultat probablement, l'heure de la chute du bandit couronné n'étant point encore sonnée à l'horloge de Sedan.

Dans une réunion, à Saint-Just, il se produisit divers incidents qui méritent d'être rapportés. Beaucoup d'orateurs nouveaux se firent entendre, et parmi ces orateurs, il y en eut, chose rare, qui firent de l'opposition à l'opposition républicaine. Un fougueux plébiscitaire vint faire l'éloge de l'empire, et dire qu'il fallait le soutenir. Son raisonnement était celui-ci : En 1848, j'étais un gamin abandonné, sans asile et sans pain, à peine vêtu, allant nu-pieds ; aujourd'hui voyez, j'ai un élégant paletot, de bonnes chaussures, je suis dans une position florissante, grâce aux éléments de prospérité que j'ai rencontrés sous le règne de Napoléon III en travaillant beaucoup et honnêtement.

Le plébiscitaire concluait de cela que le règne n'avait pas été néfaste pour le pays. C'était conclure en s'étayant de considérations bien étroites, et du particulier au général.

Cependant, il y avait évidemment de la bonne foi autant que de la naïveté chez l'orateur. L'auditoire ne lui fit pas moins un mauvais accueil, l'écoutant difficilement et le sifflant à plusieurs reprises.

Cette intolérance provenait moins d'un parti pris de ne pas entendre de contradicteurs que d'un manque d'habitude de la contradiction.

Aux nombreuses réunions qui avaient précédé celle de Saint-Just, il ne s'était trouvé que deux orateurs pour présenter des opinions différentes de celles qui avaient cours dans les réunions ; ces orateurs n'avaient pu se faire entendre, un peu par leur faute, il est vrai ; ainsi l'un d'eux, jeune homme provoquant, dédaigneux, qui s'était empressé de se déclarer impérialiste fieffé et refusait de décliner ses nom et qualité, vit sa voix étouffée dès le début par les interpellations injurieuses, partant de tous les points de la salle, et dont la moins corsée était celle de mouchard.

Le second orateur impérialiste, un petit bourgeois vieillot, qui soutenait Emile Ollivier dans un langage grotesque, et qui avait interrompu à tout propos et hors propos les orateurs républicains, se vit très-malmené, hué, apostrophé, et peut-être eût-il été l'objet de légères avanies, si une escouade de ces démocrates qu'il avait insultés, parmi lesquels Batifois et Beauvoir, si je me souviens bien, ne l'avaient reconduit à son domicile en le protégeant.

Mais revenons à la réunion de Saint-Just. Elle fut marquée par un deuxième incident dont le héros fut M. Reynaud. Ce citoyen était une des notabilités des réunions publiques. Il avait été leur organisateur, et les avait presque toutes présidées.

M. Reynaud, homme déjà âgé, appartenant, je crois' au notariat, calme et grave comme le comportait son emploi, était, en outre, l'homme le plus poli, le moins anguleux qu'on pût imaginer. Il n'admettait pas, il ne comprenait pas qu'on fût violent et emporté avec des adversaires, ou qu'on se permît seulement de manquer aux règles de la civilité honnête et puérile.

Quelqu'un, dans la réunion de Saint-Just, ayant qualifié de cléricaux les orateurs plébiscitaires (il y en eut plusieurs), M. Reynaud prit prétexte de cela pour rappeler d'abord au silence et à la modération envers les adversaires, puis il continua par le développement d'une thèse dans laquelle il soutenait qu'il fallait que la démocratie ne rompît point avec la religion pour arriver à faire triompher ses vues.

Une foi aussi naïvement religieuse que sincèrement républicaine dictait les paroles de M. Reynaud, mais son auditoire était mal disposé à l'entendre, surtout après l'audition des orateurs plébiscitaires qui l'avaient déjà émoustillé. Et puis aussi les services ren_ dus à l'empire par l'Eglise avaient, à peu d'exceptions près, convaincu les ennemis du césarisme que le clergé doit être considéré comme un adversaire.

La réunion accueillit donc d'abord par des marques

de gaîté sceptique, puis ensuite par des interruptions violentes le speech religieux de M. Reynaud.

On vit ce singulier spectacle que le président et l'organisateur des réunions ne put se faire entendre devant les auditeurs convoqués en son nom.

La tempête fut d'autant plus violente que M. Reynaud ne se rendit pas aux premières manifestations hostiles. Au lieu de renoncer promptement à la parole, il se cramponna longtemps à la tribune, espérant arriver à dominer les interrupteurs et peut-être à les convaincre ; illusion : l'orage ne fit que grandir devant le débordement de religiosité de l'orateur.

Andrieux rétablit le calme par un discours dont voici l'esprit : la religion et la démocratie ne peuvent faire un mariage d'inclination, ni même le mariage de ràison que propose l'honorable M. Reynaud ; on ne marie pas le Grand-Turc et la République de Venise. Le divorce entre deux choses aussi incompatibles me paraît accompli pour toujours.

Les applaudissements de l'auditoire consacrèrent le divorce.

Une autre réunion, à Saint-Just, fut fort émue par un discours de Jacquy. Ce citoyen, qu'on entendait pour la première fois, fustigea de paroles indignées l'outrecuidance d'un sénateur qui avait récemment prononcé un discours contre les *irréconciliables*. Jacquy termina sa péroraison par une phrase ardente, courageuse, dont voici le sens : Par le plébiscite, l'empire veut compter les *irréconciliables* ; par la voix d'un de ses sénateurs, il leur demande d'un ton provocateur d'oser se montrer. Eh bien ! montrons-nous ; on demande les irréconciliables, les voici : c'est nous !

Une véritable ovation fut faite à Jacquy.

Les réunions, qui de prime-abord avaient joui d'une grande tolérance, furent sur la fin troublées par les commissaires de police.

A tout propos, ces fonctionnaires zélés interrompaient les orateurs, prétextant qu'il les trouvaient trop ardents, trop audacieux. Une réunion fut dissoute à Vaise, et deux à la Guillotière. L'une de ces deux dernières, celle du Bal-Parisien, le fut sur un discours de Jules Frantz ; la seconde, celle du Bal-Lyonnais, sur un cri de « Vive la République ! » La dissolution fut accompagnée d'un déploiement de force armée qui provoqua une grande émotion dans le quartier et fit naître en ville des bruits exagérés et alarmants. Une réunion de la Rotonde fut dissoute le dimanche suivant. Ainsi finirent les réunions de la période plébiscitaire.

En dehors des réunions dont je viens d'esquisser la physionomie, il y en avait eu beaucoup d'autres, mais moins importantes, et sans un caractère politique accusé, sauf celle de l'Alcazar, dont je vais parler en passant.

Dix mille personnes assistèrent à cette réunion organisée par la démocratie, à l'occasion de l'anniversaire de la Révolution du 24 février. On donna à cette réunion, qui eut lieu le 24 février 1870, la couverture d'une fête au profit des écoles laïques.

M. Bonnardel, mort depuis, présidait la fête, dont

l'art et la politique s'étaient partagé le programme : Après la musique et les chants, M. Andrieux fit une conférence sur la *Marseillaise* et la *Romance du beau Dunois*. Il eut ainsi l'occasion de rappeler les souvenirs héroïques de la Révolution, et d'endommager affreusement le fils de la reine Hortense. Par exemple, il dit : « Combien il est fâcheux pour la France que cette reine ait fait autre chose que le *beau Dunois !* » Et cette mordante allusion fut soulignée des applaudissements répétés de la réunion, que n'intimidait guère la présence d'un commissaire de police, lequel, censeur un peu lourd, manquait de dextérité pour arrêter les traits subtils et acérés d'Andrieux.

Un incident significatif marqua la réunion de l'Alcazar ; Flachat dit le *Chant du Vengeur* de telle façon qu'à ces derniers vers :

> Au cri : « Vive la République ! »
> Sombra le vaisseau *Le Vengeur !*

il ne chanta pas, mais cria franchement : « Vive la République ! »

L'auditoire, saisissant l'intention de l'artiste, répéta avec un ensemble formidable le vivat républicain, qui retentit dans la salle comme le bruit du tonnerre.

Le commissaire de police en bondit sur son siége. Cependant, le plus grand calme ayant soudain succédé à cette éclatante démonstration, il s'abstint de faire envahir la salle par ses agents et d'interrompre la fête, qui se termina paisiblement.

Les organes bonapartistes prétendirent le lendemain que la réunion avait eu le caractère le plus indécent.

La vérité, c'est que la réunion n'avait pas ressemblé aux fêtes du monde officiel, elle n'avait présenté ni désordre ni inconvenance ; on n'y avait vu rien d'analogue à ce qui s'était passé dans une récente fête des Tuileries, où les femmes avaient été foulées et à moitié déshabillées par des gens de la cour, qui se comportaient en palefreniers, tandis que, de leur côté, une partie de ces dames s'étaient grisées de punch ou de champagne, ou laissées surprendre en flagrant délit de galanterie avec des cent-gardes.

Enfin, à l'Alcazar, on avait chanté la *Marseillaise* et le *Vengeur*, mais non la *Femme à barbe* et la *Vénus aux carottes*, délices des salons bonapartistes.

Dans le courant de 1869 et 1870, les corporations ouvrières avaient tenu plusieurs réunions dans lesquelles avaient été agitées des questions de salaire. Elles furent toutes du plus grand calme, et l'Internationale n'y joua point le rôle absolument prépondérant qu'on lui a attribué. L'association locale des séries ouvrières dominait plutôt dans ces réunions.

Quant au rôle de l'Internationale dans les réunions du plébiscite, il fut des plus effacés, sauf à celle du Bal-Lyonnais, où elle avait d'assez nombreux représentants, voulant, d'après le bruit public, prendre dans la question du plébiscite une attitude particulière.

Les internationaux les plus en évidence affectaient

généralement de se désintéresser de la politique, Jules Richard et Gaspard Blanc surtout; mais ceux-ci n'étaient pas dupes. Je n'ai point souvenir de les avoir aperçus une seule fois à la tribune des réunions politiques républicaines.

Antérieurement aux réunions du plébiscite, il y avait eu une réunion de libres-penseurs qui fit grande sensation. Elle avait un caractère politique en ce sens qu'au fond les démonstrations des libres-penseurs étaient dirigées surtout contre cette théocratie militante, ce clergé politicien qui se faisait l'agent, le souteneur de Napoléon III.

Un procès retentissant fut intenté aux organisateurs de la réunion des libres-penseurs.

L'empire, qui semait d'embûches et de piéges à démocrates les concessions apparentes qu'il octroyait, ne pouvait manquer de faire condamner correctionnellement, sous un prétexte quelconque, des gens aussi peu orthodoxes que les amis de la libre-pensée, ennemis du bonapartisme.

Andrieux défendit vainement les prévenus.

Quelque temps plus tard il venait s'asseoir, à son tour, sur le banc de la police correctionnelle, sous la prévention d'avoir, dans les réunions du plébiscite, outragé le chef de l'Etat et l'impératrice, et d'avoir provoqué à la révolte.

Chanet était co-accusé avec lui, il fit défaut. Andrieux fut condamné à trois mois de prison et cinq cents francs d'amende. Voilà ce qu'il en coûtait de tenir un trop vif langage sous un régime qui singeait le libéralisme.

Un ouvrier de Givors, nommé Bertranche, qui avait librement parlé dans une réunion à Vienne, fut aussi condamné sévèrement. Il avait énergiquement recommandé à Andrieux, son défenseur, de ne point chercher à atténuer le mal qu'il avait dit de Napoléon III, particulièrement qu'il avait volé vingt-cinq millions à la Banque de France, mais de plaider que les faits articulés par lui étant vrais, historiques; qu'il n'avait point menti, et ne pouvait dès lors être coupable.

Sublime naïf que ce Bertranche, croyant qu'on pouvait mettre le miroir de la vérité devant la face souillée de l'empire de Décembre, qui aspirait à se refaire une virginité par le plébiscite, comme si, de la boue, on pouvait faire quelque chose de propre.

III

LE PLÉBISCITE

Quelques jours encore, et le plébiscite allait être un fait accompli. Mais comme il fallait au scrutin une préface inquiétante, la misérable tactique employée par l'empire pour aider à la réussite de ses plans plébiscitaires se manifesta à Lyon, non-seulement par la brusque dissolution des réunions publiques, mais encore par la brusque arrestation de nombreux membres de la section lyonnaise de l'Internationale.

Le but de ces deux mesures était évidemment de faire croire à des périls qui n'étaient qu'imaginaires.

Le 3 mai, la police fit invasion au domicile des internationaux. C'était un curieux spectacle que de voir les limiers de M. Jacomet, commissaire central de la police, pourchassant les naïfs ou les compères enrôlés par MM. Gaspard Blanc et Albert Richard, agents bonapartistes.

Le prétexte mis en avant pour l'arrestation des internationaux, c'est qu'ils étaient réputés affiliés au complot découvert à Paris, avec accompagnement de bombes Orsini, contre la vie de l'empereur, complot dont les papiers secrets des Tuileries ont depuis fait connaître le véritable caractère policier.

La police impériale, qui avait au moins deux de ses agents parmi les chefs de l'Internationale à Lyon, savait bien ce qu'il y avait de peu sérieux au fond de ce complot prétendu dangereux. Mais, à la veille du scrutin plébiscitaire, il fallait impressionner l'opinion par un coup de théâtre habilement machiné : un complot était le prologue obligé, le corollaire du plébiscite.

Napoléon III espérait ainsi non-seulement se rendre intéressant en se donnant des airs de quasi-martyr, mais il espérait encore alarmer les intérêts que la disparition trop subite du chef de l'Etat pouvait compromettre ; enfin, en frappant sur les internationaux, il espérait surtout intimider d'autres adversaires plus nombreux, les républicains de toutes nuances.

Ses espérances furent un peu déçues. Les républicains, à Lyon du moins, ne renoncèrent point à la campagne qu'ils avaient si vigoureusement commencée dans les réunions.

Pendant la période légale, ils organisèrent un comité dont le siége était rue Quatre-Chapeaux. Je fréquentais assidûment ce comité, et je vis quel zèle, quel dévoûment les républicains apportèrent dans la lutte.

L'élément bourgeois était peu représenté au comité, Nous étions là une douzaine de journalistes, puis des ouvriers, quelques employés de commerce et quelques

petits industriels. Presque personne des « classes diri-
geantes. » Andrieux vint quelquefois au comité.

La préfecture nous faisait l'honneur de faire surveiller nos petites réunions privées par des agents qui
rôdaient près des entrées de la maison. En riant,
nous nous montrions au doigt ces limiers éventés
d'une police ridicule à force d'être tracassière, et zélée
autant que maladroite.

Le but du comité était principalement de faire de
la propagande dans les campagnes et dans l'armée, la
ville étant considérée comme acquise d'avance à l'opposition.

La propagande dans l'armée n'était pas chose facile
pour les républicains — les bonapartistes avaient
carte blanche. — L'accès de l'intérieur et même des
abords des casernes et des forts était rigoureusement interdit. Les chefs surveillaient les soldats, et
s'ils les eussent vus causer avec des civils, ils se seraient hâtés d'intervenir et de rompre l'entretien ; c'é-
tait la consigne.

On prétendait faire voter les soldats à la baguette ;
on s'imaginait dans le monde gradé et galonné que,
grâce aux précautions prises, les soldats allaient,
comme un seul homme, déposer des bulletins *oui*
dans l'urne du plébiscite.

Les républicains déjouèrent les précautions et imaginèrent toutes sortes de moyens pour faire pénétrer
dans les casernes, les forts et les postes militaires des
manifestes et des bulletins *non*. Les bonapartistes, qui

avaient entendu se réserver le privilége de la propagande parmi les soldats, furent déçus.

Plusieurs des nôtres, infatigables distributeurs, allaient la nuit aux alentours des postes militaires ; si la fenêtre d'un poste était ouverte, ils y jetaient des poignées de bulletins *non* qui, comme un vol de libres papillons nocturnes, faisaient ainsi irruption malgré les sévères consignes. Les soldats se hâtaient de recueillir ces bulletins arrivant d'une façon tout inattendue.

Nos distributeurs déposaient également des bulletins dans les guérites lorsque les sentinelles étaient inatentives ou feignaient de l'être.

Un audacieux d'entre nous faisait plus encore, il endossait le costume militaire et, ainsi déguisé, pénétrait dans les casernes et les forts à la barbe des officiers. Il étudiait les dispositions des soldats, trouvait bientôt parmi eux des aides pour sa hardie équipée, et leur remettait bulletins et manifestes de l'opposition républicaine, que ceux-ci distribuaient un peu plus tard, à la dérobée, à leurs camarades.

Cette propagande réussit tellement bien que, dans les derniers jours, des régiments envoyaient des délégués au comité.

Le fruit défendu a toujours un attrait puissant : manifestes et bulletins républicains avaient cet attrait pour les soldats auxquels il était interdit de s'en procurer. La manière imprévue, quasi romanesque, dont ces papiers indépendants pénétraient dans les casernes, les forts et les postes, les dangers que les délé-

gués soit civils, soit militaires, devaient braver pour
les faire pénétrer et les distribuer, tout cela ajoutait
à la séduction.

En interdisant aux soldats le libre usage de leurs
droits de citoyens, en voulant les transformer en pas-
sives machines à *oui*, l'empire avait jeté un nombreux
contingent dans les bras de l'opposition, qui devenait
vraiment le seul refuge pour quiconque n'entendait
pas abdiquer sa dignité d'homme et d'électeur français libre. L'empire était ainsi déserté, abandonné, par
ceux-là mêmes sur lesquels il comptait pour s'imposer
au besoin par la force. Un symptôme de cet abandon
s'était déjà manifesté à une réunion du plébiscite, où,
devant des milliers de citoyens, deux chasseurs de
Vincennes étaient venus à la tribune confesser leur
foi républicaine. Leur présence et leurs paroles avaient
été accueillies par des bravos enthousiastes et considérées comme l'indice sérieux de l'union du peuple et de
l'armée contre le despotisme abrutissant et dégradant
de l'empire.

C'était chose grave que ce délaissement de Napoléon III par l'armée ; et peut-être la guerre de 1870,
outre le but dynastique, fut-elle entreprise avec l'ar-
rière-pensée de faire décimer cette armée infestée de
républicanisme. On peut tout supposer de la part de
l'auteur des crimes de Décembre.

Les campagnes, malheureusement, étaient moins
détachées de l'empire que l'armée. Quoique dégrisées
de la légende napoléonienne, elles croyaient encore
leur sécurité et leurs intérêts matériels liés à la cause

de Napoléon III. Aussi les délégués du comité qui s'en allèrent faire de la propagande ou simplement distribuer des bulletins *non* dans les cantons ruraux, éprouvèrent généralement des difficultés, des désagréments, et même, dans quelques communes les plus arriérées, de graves avanies, surtout de la part des maires, de leurs secrétaires, des prêtres et des paysans les plus ignares.

Toutes sortes de moyens furent mis en œuvre pour tracasser et surtout pour effrayer ces pauvres délégués. On alla jusqu'à des menaces de violence.

Des ruraux effarés, et sans doute stimulés par des agents secrets, voyaient dans les républicains *des partageux*, des incendiaires, des hommes de désordre tout au moins, et ils firent mine, dans quelques localités, de faire un mauvais parti à des délégués isolés qui durent battre en retraite devant la perspective d'être maltraités, et peut-être de devenir les victimes de drames hideux et précurseurs de celui de Hautefaye, où, l'histoire ne doit pas l'oublier, des bonapartistes brûlèrent vif aux cris de « vive l'empereur ! » un pauvre jeune homme accusé d'avoir crié « vive la République ! »

Chacun de nos délégués, à son retour au comité, rendait compte de ce qui lui était arrivé. En écoutant ces récits, on était profondément affligé de la triste situation morale dans laquelle dix-huit ans d'un gouvernement malsain, déshonnête, corrupteur, policier, avait plongé une partie des campagnes.

Le jour du scrutin plébiscitaire arriva. Avec quelle impatience on attendait les résultats.

Nous passâmes la nuit au comité pour les connaître avant le matin.

A mesure qu'on achevait le dépouillement de chaque section, des délégués nous apportaient les résultats rue Quatre-Chapeaux. Ceux de Lyon étaient généralement favorables, ceux des campagnes variaient. Pour apporter ces derniers résultats, il y eut des délégués qui marchèrent la plus grande partie de la nuit à travers les chemins fatigants des montagnes, quelquefois à travers les bois, les landes, les rochers. Ils accomplissaient cette tâche, qu'ils s'imposaient volontairement, avec un entrain admirable. Il n'y a que les fortes convictions pour engendrer d'aussi infatigables dévouements.

Les plébiscitaires, en prodiguant l'or que leur fournissait secrètement la liste civile, n'avaient pu se procurer des agents dévoués comme l'étaient nos délégués républicains.

Vers six ou sept heures du matin, le comité connaissait un grand nombre de résultats. Le *Progrès* put les publier dans son numéro du matin avant les journaux officieux de la préfecture, laquelle n'avait pas été informée sitôt que le comité.

L'intérêt que l'opinion publique prenait au plébiscite se manifesta par l'immense tirage du *Progrès* dans cette matinée. Jamais, depuis le coup d'Etat, la population n'avait montré une telle curiosité de connaître les résultats d'un scrutin. Cela indiquait dans quelle mesure les citoyens avaient dépouillé l'indifférence politique.

Ce fut seulement dans la journée du 9 que le comité parvint à recueillir quelques renseignements sérieux sur le vote de l'armée. D'après ces renseignements, que nous ne pûmes toutefois point contrôler, les *non* étaient en majorité dans la garnison de la ville et au camp de Sathonay. Un bataillon de chasseurs avait voté *non* à la presque unanimité ; quelques douzaines de *oui* seulement dans ce bataillon.

Dans certains régiments, les soldats qu'on avait gênés pour voter et qui n'avaient pas eu la possibilité de se procurer des bulletins *non*, s'étaient abstenus en grand nombre.

Les chefs de la plupart des régiments avaient distribué des bulletins *oui* imprimés ; quelques-uns y avaient joint des bulletins blancs. Aucun n'avait distribué des bulletins *non*, de façon à laisser le choix aux soldats.

Les délégués de ceux-ci, qui nous apportaient des renseignements, étaient tout joyeux de la victoire des républicains parmi l'armée comme parmi la population lyonnaise, mais tous avaient une attitude convenable. Un seul de ces délégués militaires eut au comité une conduite singulière. C'était un soldat de la ligne. Il manifestait bruyamment son zèle républicain et finit par proposer au comité de faire sauter l'état-major si l'on voulait tenter un coup de main révolutionnaire, disant qu'il avait tout préparé pour cela, et qu'il n'y avait plus qu'à mettre le feu aux poudres.

Ce soldat nous parut avoir le cerveau exalté et troublé par l'absinthe, ou, sinon, être un agent provocateur habilement déguisé. On le mit à la porte.

Le résultat définitif du plebiscite fut connu 48 heures après le vote. Il attrista les républicains presque autant que les premiers résultats les avaient satisfaits. Le département du Rhône avait donné 90,669 *oui* contre 52,094 *non*, 1,890 nuls, et environ 45,000 abstentions. Les cantons ruraux n'avaient point voté comme Lyon, où les *non* étaient en forte majorité.

Les républicains avaient espéré la victoire même dans les cantons ruraux, ne désespérant que des plus arriérés.

Hélas ! nombre de naïfs avaient donné dans le piége de l'empire libéral et pacifique qui leur était tendu. Les illusions de ces naïfs ne devaient se dissiper qu'aux éclairs de Vissembourg et de Frœschwiller.

Une circonstance qui fit peut-être un certain tort à l'opposition dans le département du Rhône, ce fut l'absence d'un groupe bourgeois au comité anti-plébiscitaire, lequel ayant une teinte exclusivement radicale, ne put avoir de l'influence sur tous les éléments de l'opposition. Partie de la bourgeoisie, imbue d'un déplorable esprit de conciliation exagéré envers l'empire, qu'elle méprisait au fond, cependant, nous considéra comme des irréconciliables trop outrés, des intransigeants trop obstinés, et maints bourgeois indécis, faibles, reniant les principes, ne nous suivirent point.

Le comité, qui n'avait jamais eu de caractère occulte, et qui tenait à n'en pas avoir, se dissout aussitôt après le plébiscite.

Les comptes ne furent pas longs à liquider. On avait très-peu d'argent et on avait fait très-peu de dépenses. Le comité avait recueilli, décime par décime, quelques centaines de francs, obole des républicains, qui n'émargeaient pas au budget comme la plupart de leurs riches adversaires militants. Mais, en revanche, le zèle et le dévouement n'avaient point manqué aux républicains. Nous en avions dépensé sans compter, et cela avait suppléé à l'absence de capitaux.

Un avantage qu'avaient eu sur nous les bonapartistes, c'était l'impunité qui leur était assurée pour se livrer aux pratiques et aux manœuvres les moins avouables, en vue de créer une majorité plus apparente que réelle en faveur du pouvoir. Maints bonapartistes avaient usé largement et honteusement de cet avantage.

On nous informa, mais sans oser soutenir légalement une plainte, que beaucoup de bulletins *oui* doubles furent jetés dans les urnes et comptés au dépouillement dans certaines communes rurales, sans qu'aucun électeur ait pu se hasarder à protester, car il en coûtait cher souvent sous l'empire pour avoir voulu faire respecter la légalité.

Il y eut quantité d'irrégularités, de fraudes, d'accrocs à la légalité, à la liberté du suffrage universel. Nombre de maires ruraux ne se gênèrent point dans leurs agissements abusifs ; il serait trop long d'entrer dans le détail de tous les faits. Il suffit de dire que les instructions données aux maires par les agents de préfecture, de vive voix plutôt que par correspondance écrite — les écrits restent et fournissent des preuves compromettantes — les avaient prédisposés à considérer leurs administrés comme un troupeau électoral dont ils devaient être les Guillot.

Comment, après cela, voir l'opinion du pays dans le résultat du plébiscite ?

IV

LA GUERRE DYNASTIQUE

Le plébiscite était un fait accompli. Il avait donné à l'empire tout ce qu'il pouvait lui donner, la vaine apparence d'avoir la majorité du pays pour lui. Mais le César de Décembre, qui savait bien comment avait été obtenue la majorité des suffrages, ne se faisait pas d'illusion sur leur valeur. Et puis, les grandes villes, Lyon une des premières, s'étaient prononcées contre l'empire ; et l'armée elle-même avait voté *non* d'une façon inquiétante pour ceux qui comptaient sur les chassepots pour amender, le cas échéant, les scrutins qui ne feraient pas merveille au gré du pouvoir.

Un gouvernement qui a contre lui les grandes villes et en partie l'armée, ces deux puissances redoutables dans l'Etat, est bien menacé de sombrer.

L'empereur d'aventure, qui n'avait régné pendant dix-huit ans que par un hasard extraordinaire, ne se dissimulait pas que la situation rendait son pouvoir fort précaire.

Il songea donc à changer cette situation par n'importe quel moyen. Le sinistre parjure, proscripteur et égorgeur de 1851 et de 1852, n'était pas homme à regarder à la nature des moyens.

Renouveler les proscriptions, les casemates, Lambessa, Cayenne, la guillotine sèche ou humide, les commissions mixtes, les fusillades, les assassinats à domicile ou au coin des rues et des bois, c'étaient des moyens que Napoléon III, bien secondé par sa pègre infâme, n'eût sans doute pas hésité à employer pour empêcher le naufrage dynastique, s'il n'eût point compris que la nation désabusée, au lieu de voir, comme au Deux-Décembre, un sauveur dans l'homme qui renouvellerait de tels crimes, ne verrait plus en lui qu'un Tropmann couronné.

Devant cette impossibilité de se refaire un prestige en renouvelant ses forfaits de 51 et de 52, Napoléon III perdit la tête ; mal conseillé d'ailleurs par Eugénie de Montijo, l'Espagnole volontaire, dévote et ambitieuse, ne sachant plus à quelle branche s'accrocher pour ne point choir avec les siens dans l'abîme entr'ouvert, il rêva de se sauver et d'assurer sa dynastie par la gloire des armes, il résolut d'user de ce bain de sang qu'il s'imaginait devoir rendre la force et la vie à son pouvoir usé, et, dominé par l'égoïsme monstrueux qui fut toute sa vie le mobile de ses actes, il commit la folie insigne de déclarer la guerre à la Prusse sans s'y être préparé, dût la France périr dans cette aventure.

La nation commit en cette circonstance, elle aussi, une insigne folie ; ce fut celle de ne pas s'insurger en masse contre la nouvelle turpitude de son insensé tyran et bourreau.

Il faut le dire : En l'an plébiscitaire 1870, un peu de chauvinisme régnait encore dans une bonne partie de la bourgeoisie des villes et des campagnes. La cause de ce chauvinisme résidait surtout dans l'institution du remplacement. Les riches citadins, les paysans aisés, n'ayant pas leurs fils sous les drapeaux, ne voyaient pas grand inconvénient à ce que les fils de la démocratie, formant l'armée active, guerroyent, souffrent et se fassent tuer pour acquérir de la gloire à l'empire décembriste, qui en était pauvre, pour raffermir les institutions bonapartistes chancelantes et assurer l'avénement du successeur de Napoléon III.

Ces bourgeois là parlaient avec une certaine désinvolture de l'expédition du Mexique, où tant de milliers de malheureux soldats avaient été sacrifiés à une politique imbécile et à des intérêts inavouables ; et c'était sans trop d'alarmes qu'ils entrevoyaient la perspective d'une nouvelle guerre. Un bourgeois, que j'ai entendu plus tard maudire la guerre de 1870, me disait, la veille de sa déclaration : « La France aime les lauriers. Napoléon III est un *sabreur* qui veut en cueillir ; il sera chéri du peuple s'il ne nous laisse pas croupir dans la paix. »

Les gens qui déraisonnaient ainsi étaient loin cependant de représenter la majorité de la population, et ils ne se figuraient point combien nous étions peu en état de soutenir une lutte sérieuse. Ils avaient de fortes illusions ; ils s'imaginaient que la guerre serait courte : « Quelques heures d'une grande bataille décisive, » comme le disait M. Rouher à la tribune, parlant d'un ton prophétique de ce que seraient désormais les guerres après Sadowa.

Les trois à quatre cent mille hommes de l'armée active devaient, selon les idées de nos bourgeois, suffire largement à écraser les ennemis à la première rencontre. Il va sans dire qu'ils n'entrevoyaient point l'éventualité de l'appel de la garde mobile, où étaient incorporés leurs fils. S'ils eussent eu cette prévision, ils se seraient montrés beaucoup moins belliqueux.

Quelles que fussent les illusions de ces chauvins, la foudroyante nouvelle de la déclaration de guerre à la Prusse les troubla légèrement, surtout lorsqu'il fut avéré que nous allions avoir affaire à l'Allemagne toute entière. Ils eussent préféré une aventure moins périlleuse, une nouvelle expédition à Mentana, ou au Palais-d'Eté de Pékin. Toutefois, ils dissimulèrent leur trouble sous une jactance loquace et affectèrent d'être, plus encore qu'ils ne l'étaient réellement, saturés de confiance dans le succès de nos armes.

Quant à la masse de la population, elle apprit avec une morne tristesse, avec un frémissement douloureux et une véritable stupeur la déclaration de guerre.

Quoique dans cette masse populaire, on ne désespéra pas non plus de la victoire de nos armes, la guerre ne paraissait nullement opportune et on considérait très-sensément que, fût-on victorieux, c'était néanmoins un grand malheur que le sacrifice de milliers de pauvres soldats, qui payeraient de leurs vies l'affermissement de la dynastie napoléonienne, car on comprenait que c'était là le véritable objectif de la guerre. La conquête de la rive gauche du Rhin, ou seulement deux ou trois grandes victoires, eussent effectivement pu retarder la chute de l'empire assez longtemps peut-être pour permettre l'avénement au trône du César en herbe autour duquel commençaient déjà à graviter les appétits inassouvis qui flairent les soleils levants.

Plus encore que la masse de la population, dont je viens de constater l'opinion défavorable à la guerre, une minorité de pessimistes déploraient amèrêment que le pays fût jeté dans une aventure dont les perspectives leur apparaissaient toutes sinistres et funestes.

J'étais de cette minorité de pessimistes, et j'eus une vive discussion, certain jour, avec un de ces chauvins de la bourgeoisie dont j'ai parlé plus haut. Il essaya de me fermer la bouche en m'objectant que mon pessimisme ne provenait que d'esprit de parti. Je répliquai en m'étayant de l'opinion de Thiers. Celui-ci n'était pas un irréconciliable, et pourtant son discours au Corps législatif prouvait qu'il voyait la guerre avec non moins de défaveur et de désespoir que nous républicains hostiles à la dynastie.

« Thiers est un fainéant, un pleutre, un ami des Prussiens, » telle fut la dernière mauvaise raison que mon bourgeois belliqueux trouva à me répondre. (J'ai rapporté cette discussion personnelle parce qu'elle donne une idée assez exacte des divisions, des différences d'opinion et d'appréciation sur la guerre, selon les partis et les passions politiques, qui, malheureusement, ont profondément divisé les citoyens depuis le coup d'Etat, et les portaient à se méconnaître et à se déchirer les uns les autres, si bien que de Thiers, l'ultra-patriote, le quasi chauvin, un bonapartiste enragé n'hésitait pas à faire un allié des Prussiens.)

Dans presque tous les cercles d'un certain monde, on ne savait opposer que des mauvaises raisons aux patriotiques prévisions des pessimistes. Ce monde-là s'entêtait pour la guerre comme les enfants pour un caprice. C'est ce qui explique l'étrangeté de certaines démonstrations. Par exemple, un journaliste de la presse officieuse s'avisa un jour d'aller à Perrache, juché dans une voiture découverte, hurler : « Vive la guerre ! Vive l'empereur ! » au milieu de la foule qui se pressait aux alentours de la gare, attirée par le mouvement des troupes.

Pour l'honneur de Lyon, il n'y eut cependant pas des démonstrations importantes en faveur de la guerre. On ne vit pas dans cette ville des turpitudes semblables à celles dont Paris fut le théâtre, et consistant en processions organisées par la police, et dans lesquelles on voyait des centaines d'agents secrets, flanqués de quelques milliers de bourgeois entraînés, abusés, parcourant les rues en criant : « A Berlin ! à Berlin !... »

Les sottises des chauvins lyonnais n'atteignirent point à ce diapason, et la population de Lyon ne faillit point à la renommée de bon sens qu'elle possède.

Une seule manifestation ayant la guerre pour cause eut un écho sympathique à Lyon, mais elle était purement humanitaire, et consistait en l'organisation et la création de moyens de secours aux blessés. Tous les citoyens, sans acception de parti, répondirent aux appels faits à la charité et au patriotisme pour verser d'abondantes offrandes, faire de la charpie et préparer les soulagements de toute espèce aux souffrances qu'allait engendrer la guerre.

Une fois la guerre déclarée, on fut anxieux de voir se dérouler les événements. C'est avec une certaine impatience qu'on attendait le bulletin de la première bataille.

J'ai dit qu'en dehors d'une minorité qui ne voyait pas d'un œil trop défavorable la lutte s'engager, beaucoup de gens qui eussent préféré la paix croyaient néanmoins que, dans cette lutte, nous serions victorieux ; ils comptaient moins pour cela sur la science de nos hommes de guerre que sur les armes perfectionnées.

De grandes exagérations s'étaient accréditées sur l'effet meurtrier des chassepots et des mitrailleuses. L'empire, qui voulait intimider les républicains, dont au fond il avait grand peur, avait, dans sa presse officieuse, pour les dégoûter de tenter une révolution armée, fait dépeindre longuement et hyperboliquement la puissance destructrice des chassepots et des mitrailleuses, dont il entourait les essais de tant de mystère. Aussi, c'était une croyance assez généralement répandue que les bataillons ennemis seraient anéantis en un clin d'œil par les feux roulants des chassepots et les décharges des mitrailleuses, et que l'inégalité de la lutte mettrait bientôt fin à l'effusion du sang. Voilà

comment s'explique qu'une fois la guerre déclarée,
bon nombre de gens brûlaient du désir de voir se dérouler les événements qu'ils jugeaient devoir tourner
à notre avantage, de façon à ce que la paix fût promptement rétablie.

Mais la guerre déclarée avec une promptitude fiévreuse, folle, fut précédée d'une période de plusieurs
semaines, consacrée à la réunion des troupes et à leur
départ à la frontière. Rien n'avait été prévu ni préparé
d'avance.

Ce fut un bien triste spectacle que celui de ce départ. La nombreuse garnison de Lyon et plusieurs divisions de la région du sud-est et de l'Algérie défilèrent tour à tour dans nos rues ou nos gares.

C'était chose navrante de voir les soldats partir sans
le moindre enthousiasme, mornes, sombres, désespé-
rés ; ils comprenaient qu'ils allaient mourir non pour
la patrie, mais pour une dynastie. En même temps,
l'antipathie, le manque réciproque de confiance entre
les soldats et les officiers était visible.

J'allai au camp de Sathonay pour voir partir les
troupes qui s'y trouvaient. La confusion était immense.
On constatait l'absence de préparatifs, de toute pré-
voyance et d'une direction sérieuse. Au milieu du
désordre des apprêts et des commandements contradictoires, on voyait poindre l'indiscipline des soldats,
qui, déjà, n'obéissaient qu'avec mauvaise humeur, et
donnaient des signes d'un hâtif découragement.

Les officiers faisaient meilleure contenance, et ils
témoignaient généralement d'une brave insouciance

des dangers qu'ils allaient courir ; mais ils laissaient percer dans leur attitude plus de fierté militaire, de point d'honneur que d'élan patriotique. L'empire avait fait à l'armée de telles mœurs, que l'enthousiasme y eût semblé quelque chose de mauvais ton. Des officiers affectaient de n'être enchantés d'aller se battre que par goût des coups d'épée ou dans un but d'avancement. Ils eussent craint, semblait-il, de paraître ridicules en laissant éclater des sentiments de patriotes enthousiastes. Cependant la manifestation de tels sentiments eût été nécessaire pour relever le moral des soldats que la froideur et la réserve de leurs officiers laissaient affaissé.

Cet affaissement perçait dans leurs propos comme dans leur attitude ; on leur entendait dire avec un sourire amer : « On nous envoie à la boucherie ; » ou bien encore : « Nous allons nous faire *casser la gueule,* pour qui et pour quoi ? »

Ces dispositions n'étaient pas particulières aux troupes de Sathonay, on les constatait généralement chez toutes celles qui partaient, même dans les troupes crânes, aventureuses et guerroyeuses d'Afrique, dont on ne pouvait voir sans émotion défiler les bataillons bronzés, étranges, superbes.

Rien ne peindra mieux l'amertume qui régnait dans le cœur des soldats que cet incident : Un régiment, caserné à Serin, brisa avant de partir toutes les vitres de la caserne. C'est lorsqu'il est tombé dans la plus noire désespérance que l'homme arrive à se livrer aux dévastations inutiles et stupides.

Il restait cependant chez nos soldats ce vieux levain d'honneur et de courage français qui firent autrefois notre gloire. Mais l'empire n'osait point lancer ces proclamations ardentes qui enflamment les cœurs et enfantèrent jadis les héros de la Révolution ; il avait même interdit aux musiques militaires les hymnes nationaux, la *Marseillaise*, le *Chant du Départ*, et les soldats allaient à l'ennemi au son de la fade *Romance du Beau Dunois*. Dérision ! Comme les gladiateurs antiques, ils allaient mourir pour la pure satisfaction de César, et cela au son d'une musique de boudoir et de mirliton ; rien de viril, rien de réconfortant ne venait relever leur courage abattu.

L'attitude de la population n'encourageait point non plus l'armée. On s'apitoyait généralement sur le sort des malheureux qui allaient mourir pour César, et on ne songeait nullement à les exciter à tomber en braves sur l'arène fatale. Pas de vivats dans la foule qui regardait défiler les régiments ; une immense commisération pour les victimes conduites à la mort, voilà ce qu'il y avait dans presque tous les cœurs. L'horreur du césarisme éteignait malheureusement le patriotisme qui eût dû mêler au sentiment de commisération de la foule d'autres sentiments.

Des démonstrations n'eurent lieu qu'au passage d'un seul régiment. C'était la veille de nos grands désastres. Par extrordinaire, la musique de ce régiment joua la *Marseillaise* en traversant le faubourg de Vaise pour aller à la gare.

Aux accents glorieux de l'hymne révolutionnaire, le peuple du faubourg s'émut et fit une immense ovation aux soldats, les acclama, les encouragea. Ce régiment se fit décimer, à ce que j'ai appris ensuite, et quiconque ne méconnaît point l'influence du moral sur le courage physique, ne doutera point que le souvenir de la scène de Vaise ait contribué à encourager les soldats tombés glorieusement, en dignes petits-fils des volontaires républicains qui battirent les Prussiens de Brunswick au siècle dernier.

Après le départ des soldats de l'armée active, eut lieu celui des hommes de la réserve, puis celui des gardes mobiles. Ce fut un spectacle bien plus navrant encore que le premier. Parmi les soldats de la réserve il y avait beaucoup de jeunes gens mariés ; aussi ne voyait-on qu'épouses éplorées dans les gares, échangeant des adieux poignants avec leurs époux qui partaient sans grand espoir de retour.

Les mobiles, quoique célibataires pour la plupart, n'étaient guère moins accompagnés que les soldats de la réserve ; les gares regorgeaient de leurs pères, mères, sœurs ; c'était une affluence énorme de toutes leurs familles, d'où ne s'échappaient que des plaintes et des sanglots. Ces gens éplorés n'osaient, les campagnards surtout, dire, par crainte des longues oreilles de la police, tout ce qu'ils pensaient de l'empire ; mais, en silence, ils le maudissaient. Quant aux députés officieux, qui, pour ne point cesser d'être agréables au pouvoir, avaient voté la guerre d'un cœur léger, ils étaient exécrés. Un d'eux, député du Rhône, s'étant trouvé d'arriver dans une gare au moment où elle était encombrée de mobiles qui partaient, faillit être écharpé. Il ne se tira de ce mauvais pas que grâce à l'intervention de la gendarmerie.

Les mobiles dirigés sur Sathonay pour y commencer leur instruction militaire et y vivre de la vie des camps, ne se résignèrent point sans colère aux misères de leur nouvelle existence si dure, surtout pour le grand nombre de fils de bonne maison qui se trouvaient parmi eux. L'esprit militaire animait très-peu ces jeunes gens arrachés à leurs occupations et au bien-être de la vie de famille. Aussi, leur haine contre Napoléon III grandit-elle dans la mesure de leurs misères, des alarmes et des regrets qu'ils éprouvaient devant la perspective d'aller mourir pour celui qu'ils ne désignaient que sous le sobriquet méprisant de Badinguet.

On chantait avec frénésie parmi les mobiles ce chant étrange autant qu'informe, mais significatif :

> Badinguet, puisque tu l'as voulu,
> De tous tes mobiles, il n'en restera guère,
> Badinguet, puisque tu l'as voulu,
> De tous tes mobiles il n'en restera plus !
>
> Badinguet !
> Badinguet !

L'esprit qui régnait chez les mobiles était assez nettement exprimé dans ce chant. Les mobiles, dans leur inexpérience militaire, supposaient qu'aux premières batailles ils allaient tous périr ; ils envisageaient cette perspective funèbre avec un certain héroïsme ou tout au moins avec une certaine résignation stoïque, mais en même temps avec une fureur immense, indicible, contre l'ordonnateur du sacrifice, Napoléon III, Badinguet.

La première fois que j'entendis le chant dont je viens de parler, c'était près la gare de Sathonay, sur le boulevard de la Croix-Rousse. Par une gaie matinée ensoleillée, qui contrastait avec le deuil public, une troupe de mobiles en uniformes et rangés en cercle, le chantaient d'une voix véhémente, exaspérée, mais sans y ajouter un seul cri à la Spartacus.

La foule rassemblée écoutait silencieusement.

Je me disais en écoutant aussi : Ainsi chantent devant l'idole — sorte de Badinguet — à laquelle on va les sacrifier, les esclaves des peuplades sauvages et abruties.

Vers le même temps où se formaient les bataillons de mobiles, les compagnies franches et de nombreuses ambulances étaient organisées. Le mauvais côté de ces dernières, c'est que plus d'un jeune homme susceptible du service militaire s'y réfugia, au moins pendant quelque temps.

La guerre dynastique, que les folliculaires stipendiés et quelques rares fanatiques de l'empire osaient représenter comme populaire, ne soulevait en réalité que réprobation presque générale et surtout un instinct excessif de la conservation chez les jeunes gens appelés à fournir *la chair à canon* nécessaire pour cette guerre maudite.

V

LES PREMIERS DÉSASTRES

J'ai montré dans le chapitre précédent combien notre armée était d'avance démoralisée. Il faut ajouter à cela que, parmi les officiers généraux, il y avait quantité d'hommes de cour, de complices du crime de décembre, de flatteurs du César de contrebande, n'inspirant pas beaucoup d'estime à la partie démocratique de l'armée, qui ne marchait qu'avec répulsion sous la conduite de tels chefs.

Avec de semblables éléments, la catastrophe de Sedan était à prévoir pour quiconque jugeait froidement. Toutefois, ainsi que je l'ai dit déjà, beaucoup de gens s'aveuglaient encore sur les résultats possibles de la guerre, grâce surtout à une presse néfaste, bonapartiste et optimiste de parti pris, dont le journal d'Emile de Girardin était à Paris une des incarnations la mieux réussie et qui ne manquait pas de doublures en province parmi les feuilles pourvues des annonces judiciaires.

Entretenues par cette presse, les illusions publiques ne firent que croître et embellir après le télégramme

fameux qui déguisait en grande victoire le combat
d'opéra-comique de Sarrebruck, où le prince impérial
ramassait les balles qui venaient mourir à ses pieds.
Le chauvinisme le plus idiot se délecta à la réception
de ce télégramme qui faisait hausser les épaules aux
gens sensés. On rencontrait dans le monde quantité
d'émules de Girardin, ne mettant nullement en doute
qu'on allait chassser les Prussiens « à coups de crosses
dans le dos » de l'autre côté du Rhin ; mieux que cela,
selon quelques uns, « des cravaches, des badines, »
style Cassagnac, devaient suffire pour mettre à la raison les lourdauds mangeurs de choucroûte. Les moins
illusionnés faisaient ce calcul : « Les chassepots portent à 1,200 mètres, les mitrailleuses à 2,500, tandis
que les Dreyses ne portent qu'à 800 ; donc, les Prussiens seront abîmés avant d'avoir pu brûler utilement
une seule cartouche. » Ceux qui faisaient ce calcul
comptaient sans les canons Krupp et les capitulations
empressées.

De tant d'illusions trop répandues était née une certaine tranquillité dans les esprits, et le premier émoi
passé, après la déclaration de guerre, la ville avait repris un peu de calme qu'altéra bientôt cependant le
bulletin officiel n° 39 de la défaite de Vissembourg,
et que changea en fièvre le bulletin des désastres de
Frœschwiller et de Forbach.

Le 7 août fut à Lyon une journée sereine tièdement
ensoleillée. Je crois me souvenir qu'il y avait ce jour-
là un beau monde sémillant à Bellecour, ayant tout
l'air d'oublier, grâce aux bruits, aux prévisions falla-

cieuses répandues par les optimistes officiels et officieux, qu'à cette heure, des milliers de Français pouvaient être expirants sur un champ de bataille après
une lutte suprême. Aux Terreaux, l'aspect était plus
morne qu'à Bellecour; mais le calme qui régnait dans
ce forum lyonnais était certainement fort extraordinaire.
On s'étonnait de ne point rencontrer ces groupes nombreux, agités, inquiets, qui caractérisent les grandes
situations. Sous les allées de Perrache, où je me dirigeai en dernier lieu, il n'y avait que quelques promeneurs. Il faut dire qu'une partie de la population
avait été attirée à la campagne par le beau temps, et
cette circonstance contribuait un peu à ajouter à l'aspect tranquille de la ville.

Vers cinq heures du soir, je me trouvais encore à
Perrache, lorsque soudain je vis les promeneurs se
précipiter du côté de l'entrée de la gare, où l'afficheur
venait de placarder une dépêche.

C'était la dépêche de Forbach. Nous étions défaits,
battus, écrasés. Cette fois, la dépêche n'atténuait pas,
comme pour Vissembourg; elle était désespérée, elle
avouait toute l'étendue des désastres éprouvés.

Dire l'impression produite par cette dépêche n'est
pas possible, c'était une douloureuse surprise, de la
stupeur, un saisissement indicible; pas de cris dans
la foule haletante autour de l'affiche, tout au plus
quelques mots échangés rapidement, discrètement,
puis un silence pénible. Après un regard anxieux,
soupçonneux même, jeté sur ses voisins, croyant tou-

jours découvrir l'ombre de la police ou d'un espion, chacun quittait le groupe et s'en allait isolément. Les citoyens ne formaient plus un faisceau que les malheurs de la patrie resserrent ordinairement. L'empire funeste avait rompu les liens les meilleurs.

Partout où la dépêche fut affichée, la même scène, ou à peu près, se reproduisit.

Mais quand la nuit tomba, les citadins rentrant de la campagne, les ouvriers arrivant des faubourgs affluèrent sur les places et les rues de la ville, inondées alors d'une population à l'air effaré, éperdu. Il y avait tant de monde dehors, surtout dans le quartier de l'Hôtel-de-Ville, que la circulation était difficile. Des femmes affolées, des hommes tout émus se remarquaient partout, colportant et commentant la sinistre nouvelle et courant de groupe en groupe pour recueillir des détails nouveaux.

« Est-il bien possible, entendait-on dire de tous côtés, que nous ayons éprouvé semblables défaites, semblables désastres? » On avait peine à se persuader qu'un tel événement fût bien réel; on se complaisait à espérer que, dans la soirée, il arriverait une dépêche plus détaillée, plus explicative que la première et réduisant à de moindres proportions les désastres, ou même les changeant en victoires.

Et, dans cette attente, personne ne rentrait chez soi. On restait dans les rues, sur les places, espérant voir d'un moment à l'autre surgir les afficheurs d'une nouvelle dépêche attendue, désirée.

Vaine attente !

On attendit jusqu'à dix et onze heures. Alors seulement, perdant patience avant tout espoir, les gens rentrèrent chez eux, en se plaisant à espérer qne le lendemain, au réveil, paraîtrait une dépêche rassurante.

Il fallut le lendemain perdre l'espérance ; et plus tard, de nouveaux télégrammes ne vinrent faire connaître que de nouveaux désastres.

Alors, commença la grande panique et l'émigration des timorés, des lâches, des réfractaires ; alors on entrevit la perspective des horreurs de l'invasion; alors les naïfs plébiscitaires firent leur *mea culpa*, et les forcenés bonapartistes si rogues, si hautains, se montrèrent tout autres. Ils commencèrent pour la plupart à renier leurs dieux, prévoyant ce qui allait arriver. Cependant, d'aucuns continuèrent à opposer un optimisme niais ou de commande aux fâcheuses nouvelles, optimisme qu'ils s'efforçaient de faire partager en propageant de fausses informations, dont ils étaient plus ou moins dupes. Ces cokneys du bonapartisme se remarquaient dans tous les groupes et, chaque jour, en l'absence de dépêches authentiques, ils avaient à raconter une victoire imaginaire, et faisaient en paroles une grande hécatombe de Prussiens.

Quand les dépêches officielles contradictoires arrivaient, annonçant des désastres au lieu des victoires imaginées, ils ne se décourageaient point et ils avaient toujours à opposer, en palliatif, un bruit de source inconnue, un télégramme secret de Genève, une prétendue communication particulière reçue par un négociant ou un banquier quelconque et relatant une victoire ultérieure, éclatante, décisive, sur les Prussiens.

Les récits des cokneys atteignaient souvent les limites du fantatisque. J'ai entendu l'un d'eux narrer que 80,000 Prussiens avaient péri dans les carrières de Jaumont, quand les évaluations les plus excessives du journal le *Gaulois* ne portaient qu'à 20,000 hommes la perte de l'ennemi.

Cette exagération inouïe fut colportée avec une persistance remarquable par un même individu pendant une huitaine de jours. Le matin, le soir, à quelque heure qu'on allât aux Terreaux, on était à peu près sûr de trouver cet individu mêlé aux groupes et débitant ses bourdes prodigieuses. Il n'avait pas l'air assez naïf pour croire à ce qu'il racontait, et il est présumable que c'était un agent optimiste de la police secrète.

Bon nombre des auditeurs de cet optimiste à outrance, soupçonnant sa sincérité et finissant par s'impatienter, lui firent une scène un jour que, sur la place de la Comédie, il rééditait pour la centième fois ses exagérations sur Jaumont. Pour éviter un mauvais parti, le quidam dut battre précipitamment en retraite, et, depuis, il n'osa plus reparaître sur le théâtre ordinaire de ses récits fantastiques.

Après Jaumont, les horreurs trop réelles de Bazeilles furent les événements dont on s'entretint le plus longuement dans les conversations de la place publique.

L'atrocité des Prussiens surexcita vivement l'opinion contre eux. Ce n'était que paroles d'indignation et de colère dans les groupes. Quelle devait être la surexcitation des habitants de nos frontières journellement témoins ou victimes des crimes de la soldatesque d'outre Rhin ?

Un jour, je rencontrai à Lyon un habitant de Bazeilles. Après avoir vu l'ennemi brûler sa maison, d'où il avait eu peine à se sauver avec sa jeune femme, il avait quitté sa famille, ses intérêts, et s'était volontairement enrôlé pour se venger de la barbarie allemande.

Cette homme était tellement exaspéré qu'il se serait volontiers écrié comme Palafox à Saragosse : « Guerre au couteau ! »

De l'immensité et de l'horreur de nos premiers désastres eût pu naître, dans la France entière, un mouvement dangereux pour nos vainqueurs; mais l'empire, comme une pieuvre immonde et immense, enlaçait la nation et paralysait tout élan.

VI

LES RASSEMBLEMENTS ET LES DÉMONSTRATIONS AUX TERREAUX

Chaque fois que de grands événements se produisent, les citoyens sont naturellement portés à se réunir pour s'entretenir. Dans cela, rien de prémédité ; c'est en obéissant à un instinct que le peuple se porte au Forum en certaines circonstances. Ainsi commencèrent à Lyon, quand la guerre prit une funeste tournure, les rassemblements populaires aux Terreaux.

Mais ce n'était pas seulement pour s'entretenir des événements que les citoyens s'assemblaient par centaines et à certains moments par milliers au Forum lyonnais, c'était aussi pour protester ouvertement contre la guerre qui avait été décidée malgré l'opinion publique, et ceux qui croyaient à la force de cette opinion se disaient que peut-être des démonstrations en faveur de la paix pourraient, quoique tardivement, arrêter la guerre avant qu'elle ait produit tous les maux qu'elle engendre fatalement et avant que l'honneur de la France fût trop engagé. Voilà l'explication des cris de vive la paix ! à bas la guerre ! qui, dès le début des rassemblements aux Terreaux, retentirent désagréablement aux oreilles des gens qui n'admettaient pas que le peuple pût être d'un autre avis que l'empereur, ses ministres au cœur léger, ses sénateurs complaisants et ses députés agréables.

Les propos tenus dans les rassemblements étaient identiqués aux cris ; l'immense majorité des citoyens blâmaient la guerre avec énergie ; ils rencontraient quelques contradicteurs violents et insolents. De là des discussions orageuses, quelques tumultes même.

C'est dans ces circonstances que la police et la fameuse société des gourdins réunis, formée à Lyon, à l'exemple de celle de Paris, vinrent à l'aide des belliqueux bonapartistes exposés aux huées de la foule lorsque, à bout de bonnes raisons, ils prodiguaient les épithètes de Prussiens et de lâches aux partisans de la paix.

Des arrestations nombreuses et faites parfois avec une brutalité extrême, eurent lieu tous les jours dans les groupes de plus en plus animés.

Les zélés de la société des gourdins, non contents de participer aux arrestations en dénonçant les suspects et quelquefois en les empoignant, allèrent jusqu'à se permettre de frapper à coups de canne les citoyens. La police en uniforme et surtout la police secrète en blouse ou en habit bourgeois, assistaient et même aidaient à ces bastonnades. Sans cet appui, les gens à gourdins eussent été par représailles roués de coups, dès le début de leurs exploits, par le peuple indigné.

Pour être arrêté par la police et bâtonné par les bourgeois bonapartistes ligués, il n'était pas absolument nécessaire d'avoir proféré les cris considérés comme subversifs de « vive la paix! à bas la guerre! » il suffisait d'avoir soutenu la discussion à haute voix et même à demi-voix discrète d'une opinion pacifique. Il suffisait même d'être simplement suspect de ne pas approuver intérieurement la guerre. On était en butte aux rigueurs et aux avanies des gourdins et des policiers, non-seulement lorsque dans le feu de la discussion on laissait échapper des paroles malsonnantes aux oreilles de ces gens-là, mais aussi lorsqu'on avait une attitude qui contrastait trop avec celle des ultra-belliqueux. On vit un agent secret ou un affilié des gourdins — on ne pouvait pas toujours distinguer les uns des autres — arrêter un jeune homme qui n'avait soufflé mot, en lui déclarant que sa figure ne lui revenait pas et qu'il devait être un des suspects qui criaient : Vive la paix!

C'était, on le voit, l'arbitraire dans toute sa monstruosité. Des gens sans mandat opéraient des arrestations à tort et à travers. Les gourdins réunis n'avaient ni commission ni fonction qui leur permissent d'arrêter légalement des citoyens ; mais ils étaient affiliés à une association d'enragés bonapartistes, et cela suffisait pour qu'on tolérât qu'ils portassent atteinte à la liberté de leurs concitoyens et même à leur sécurité par la bastonnade. Vit-on jamais plus graves excès ? De là aux massacres renouvelés de la société réactionnaire des assommeurs, dont les crimes épouvantèrent Lyon après 93, il n'y avait qu'un pas. Jamais, peut-être, on ne vit, comme en 1870, l'anarchie organisée et autorisée publiquement par le pouvoir, qui laissait agir et faisait même agir les gourdins au nom du *bon ordre*.

La population victime d'un semblable régime était moralement révoltée. Les manifestations ne firent que se multiplier au lieu d'être étouffées par cet essai de *terreur verte*. — On avait coloré de ce singulier adjectif l'essai de terreur, à cause de la livrée impériale qui était verte, et on sous-entendait que les agents de terreur, à quelque classe qu'ils appartinssent, n'étaient que des valets odieux de Napoléon III.

La brutalité des gourdins et de la police grandit dans la mesure de la multiplication des manifestations. Au début, le système d'arrestation avec bourrades, bastonnades et autres voies de fait était pratiqué exceptionnellement; à la fin, il se généralisa presque.

Le paroxysme de l'indignation saisit alors les administrés de M. Sencier, et, comme les gourdins et les policiers étaient en somme le petit nombre, il y eut à la fin révolte effective contre leur brutalité.

Ceux de ces messieurs qui, à dater de ce moment, firent mine de se servir de leurs cannes, se les virent arracher et briser. A quelques-uns, on les brisa même sur leurs dos. L'exaspération était devenue telle contre les gourdins, qu'on les avait surnommés les *gredins réunis*.

Ils durent mettre un terme à leurs exploits. Un soir, la démocratie avait résolu de donner une verte leçon aux gens de la *terreur verte*. Il ne manque pas de biceps solides dans le monde des travailleurs, et les faubourgs devaient en envoyer aux Terreaux des milliers, si besoin était. Ce soir-là, un certain nombre d'ouvriers de la Croix-Rousse et de la rive gauche du Rhône étaient venus en émissaires au-devant de la préfecture, et ils tenaient les propos les plus provocateurs contre les gourdins. Ceux-ci, avertis sans doute par la police de ce qui se préparait contre eux, ne firent point leur apparition ordinaire, et, depuis cette soirée, leur rôle devint très-effacé. Le jeu devenait plein de dangers pour eux ; aussi, ils abandonnèrent la partie. La population avait bien fait de montrer les dents.

L'autorité, en délaissant les gourdins, continua de faire agir la police, et fit plus souvent intervenir la troupe.

Plusieurs fois on eut, aux Terreaux, de vives craintes que les chassepots fassent de nouvelles merveilles.

Les rassemblements étaient devenus plus considérables, les démonstrations plus imposantes, plus radicales ; on criait moins : Vive la paix ! A bas la guerre ! mais on commençait à crier : Vive la République ! A bas l'empire ! ou encore : A bas les jésuites ! On chantait la *Marseillaise*, puis par dérision : *Esprit saint, descendez en nous !* On ajoutait au refrain de la *Marseillaise* cette variante devenue populaire :

« **La République en France régnera.** »

Un soir de grande effervescence de la foule, qui

n'avait toutefois rien d'agressif, une force militaire assez nombreuse fut déployée au-devant de l'Hôtel-de-Ville, et les tambours se mirent à battre les roulements de sommation.

La foule, néanmoins, ne se hâtait pas d'évacuer la place. Un commissaire de police et une nuée d'agents vinrent appuyer les sommations de paroles menaçantes, Cela ne suffit pas encore, et il fallut l'intervention d'un détachement de lanciers qui balaya la place. Une femme fut renversée par un de ces cavaliers devant le grand café des Terreaux. Cet accident provoqua une vive émotion, et le soldat même qui l'avait causé se montra vivement affecté.

Refoulés dans les rues adjacentes des Terreaux, les groupes, loin de se disperser, ne firent que grossir, et stationnèrent soit dans les cafés, complétement envahis, soit sur les trottoirs. La foule ne se dispersa qu'après minuit ; la troupe, plus tard encore. Jusqu'à cette heure avancée, la circulation fut à peu près complétement interdite dans le quartier de l'Hôtel-de-Ville. Plusieurs citoyens qui étaient empêchés de vaquer à leurs affaires, ou qui ne purent rentrer ou sortir de chez eux, crièrent trop fort contre l'interdiction de la circulation et furent arrêtés. On arrêta jusqu'aux invités d'une noce. La mariée n'échappa qu'avec peine aux zélés et intelligents alguazils.

On n'a jamais pu savoir le motif de cette intempestive occupation militaire du quartier de l'Hôtel-de-Ville pendant une partie de la nuit. La préfecture avait-elle été séricusement alarmée par de fallacieux avis ?

Une autre démonstration militaire affolée eut lieu une fois en plein jour, également sans motif apparent, sans que la moindre agression ait été dirigée contre la préfecture. Ce jour-là, un fort détachement de cavalerie, faisant une soudaine irruption, vint, sabre au poing, se ranger au-devant de l'Hôtel-de-Ville, comme prêt à charger.

A la vue de cette cavalerie, les bonapartistes applaudirent très-vivement, mais la masse populaire se mit à crier : « Au Rhin ! au Rhin, les soldats ! »

Des arrestations furent aussitôt faites, et la police prétendit qu'on avait crié : « Au Rhône, les soldats ! » Je n'entendis rien de semblable.

D'ailleurs, pareil cri n'eût pas été conforme aux sentiments de la population. Elle n'était point hostile à l'armée, sans admettre, toutefois, qu'on gardât une garnison à Lyon, lorsqu'on manquait de troupes sur le Rhin.

Il est certain que l'empire n'affaiblissait la frontière de soldats que pour se garder à l'intérieur contre la révolution. Il craignait plus d'être vaincu par elle que par Guillaume et Bismarck, avec lesquels il pouvait être des accommodements.

Ayant de telles craintes, l'empire n'était disposé à rien moins qu'à armer les populations. Mais, par contre, celles-ci songèrent bientôt à s'armer pour être prêtes à tout événement. Les populations avaient moins la prévision d'une invasion que celle d'une entreprise criminelle que pourrait tenter sur la France l'empire vainqueur ou vaincu.

On prévoyait que, vainqueur, il recommencerait les forfaits du Deux-Décembre et de 1858, et que, vaincu, avant d'expirer, il essaierait, comme le reptile venimeux, de faire du mal, de donner, s'il le pouvait, la mort à la nation, en se concertant avec Bismarck pour ce dernier crime, couronnement de l'édifice.

Ce devint donc une sorte de mot d'ordre de demander des armes pour le peuple. Une grande démonstration naquit de cette nouvelle disposition des esprits. Les bonapartistes, les officieux de tout acabit essayèrent de faire tourner la démonstration à leur profit et de lui donner un caractère essentiellement anti-pacifique, tandis que la démonstration était surtout politique et dirigée contre Napoléon III.

Elle débuta aux Terreaux et parcourut ensuite les grandes artères centrales de la ville. Elle se composait d'une colonne de plusieurs milliers d'hommes. Dans ce nombre, on voyait avec surprise les impérialistes les plus fieffés, des policiers même coudoyer des démocrates. Tout ce monde si mal assorti demandait en chœur, sur l'air des *Lampions :*

> **Des fusils !**
> **Des fusils !**

Aucune entrave ne fut mise par la préfecture à cette démonstration. Toutefois, les autorités qui la toléraient et même la voyaient avec un certain plaisir ne prenaient pas le change sur sa véritable signification. Et la meilleure preuve, c'est qu'elles se gardèrent bien d'accorder les fusils tant demandés et dont, cependant, certains forts regorgaient.

Le préfet Sencier se méfiait de la population et la redoutait, c'était chose manifeste. Il faisait bonder de troupes l'Hôtel-de-Ville comme une Bastille, et fortifier le grand vestibule du côté de la place des Terreaux en barricadant les fenêtres de volets, apparemment pour prévenir une escalade ; cependant, comme je l'ai ouï dire, c'était peut-être bien aussi en vue d'isoler les troupes postées dans le vestibule, lesquelles prenaient parfois quelque part aux démonstrations, et avaient, un certain soir, chanté en chœur avec la foule :

La République en France régnera !

Tous les moyens furent vainement mis en œuvre pour étouffer les démonstrations populaires contre l'empire et la guerre. On traîna en police correctionnelle une partie des citoyens arrêtés dans les groupes. On prétendit que la plupart n'avaient pas seulement crié : A bas la guerre ! à bas l'empire ! vive la paix ! mais aussi : Vive la Prusse ! Je ne crois pas qu'il y ait eu un seul prévenu qui n'ait protesté contre cette accusation de la police tendant à avilir. J'ai assisté au jugement du plus grand nombre, et je les ai tous entendus se défendre d'avoir poussé un vivat aussi anti-patriotique. Beaucoup produisaient même des témoins à l'appui de leur défense. Mais le tribunal donnait la préférence aux témoignages de la police et condamnait sévèrement.

Pendant que l'autorité sévissait avec tant de vigueur contre les auteurs des démonstrations, il se produisait des désordres et des voies de fait ; et son impuissance à les prévenir, son inertie, dans certaines circonstances, annonçait ou que le ressort autoritaire, à force d'être tendu à l'excès et quelquefois contre des choses qui n'en valaient pas la peine, s'était brisé, ou qu'il ne déplaisait pas à certaines gens que la population fût alarmée par un peu d'anarchie.

VII

LES DÉSORDRES ET LES VOIES DE FAIT

Si une grande partie de la population prit part aux rassemblements et aux démonstrations des Terreaux, c'est le petit nombre qui commit des désordres et des voies de fait.

Plusieurs fois, il se forma sur la place des Terreaux ou de la Comédie de faibles bandes composées de quelques hommes et de beaucoup de gamins faisant grand tapage et annonçant qu'ils allaient casser les vitres des jésuites. Les bandes se mettaient en marche en chantant : *Esprit saint, descendez en nous !*

Ces expéditions n'étaient pas absolument dépourvues de caractère politique, et elles étaient dirigées contre l'alliance monstrueuse, scandaleuse. du cléricalisme et du césarisme. Mais comme la démonstration contre les jésuites, alliés de Napoléon III, dégénérait en désordre grave, la masse de la démocratie, moins portée à la violence qu'on l'en a accusé, s'abstenait d'y prendre part.

Chose extraordinaire, la police ne tentait pas de disperser ces bandes désordonnées qui se dirigeaient, en chantant et en criant, des Terreaux à la rue Sainte-Hélène, — parcours de deux kilomètres au moins — où se trouve l'établissement des jésuites, lequel fut, à diverses reprises, assiégé à coups de cailloux, presque sous les yeux de la gendarmerie, qui a sa caserne dans cette rue.

Ces scènes se passaient entre huit et onze heures du soir. Les gendarmes ne dormaient pas à cette heure, et on se demande comment et pourquoi ils n'avaient pas l'ordre de protéger les jésuites. Trouvant de tels amis compromettants, l'empire, lâche même dans ses amitiés, les abandonnait donc à la dernière heure ; ou bien, voyait-il avec satisfaction des désordres bruyants qui pouvaient épouvanter beaucoup de gens timides disposés à croire à un cataclysme pour quelques douzaines de vitres cassées.

Des désordres et des voies de fait autrement graves eurent lieu en plein jour sur divers points de la ville. Des bandes de jeunes gens, des conscrits généralement, parcouraient la ville armés d'énormes gourdins pour bâtonner ceux qui les *embêtaient* — c'était leur terme. — Les gourdins de la préfecture avaient fait école, on le voit; ils avaient fait naître les gourdins de la rue : les excès d'en haut finissent toujours par provoquer les excès d'en bas.

Ces bandes menaçantes répandirent un certain effroi. La police n'osa point ou ne voulut point les désarmer de leurs gourdins. Un rien, cependant, pouvait faire naître des rixes épouvantables, des malheurs sanglants. C'est peut-être ce que désiraient au fond quelques individus qui, sous l'empire, faisaient métier de sauver la société, terre-neuve du bonapartisme, avides de la prime de sauvetage.

Les exploits les plus nombreux des conscrits-gourdins furent le sac de quelques buvettes, exploits dans lesquels, il faut le dire, ils avaient été devancés par des soldats de passage, dignes émules de certain bataillon de la garde impériale, qui, exemple de la belle discipline inspirée à l'armée par l'empire, avait commis au camp de Châlons les excès les plus graves, allant jusqu'à saccager des habitations pour s'amuser un peu après boire.

Un des plus tristes exploits des conscrits-gourdins eut lieu sur la place Bellecour. Un monsieur s'avisa d'injurier une douzaine de ces jeunes gens, qui passaient en chantant et hurlant, furieux d'être appelés à devenir chair à canon à l'usage de Badinguet. Les conscrits se précipitèrent sur ce monsieur, qui fut maltraité violemment, roué de coups de gourdins, à moitié assommé, et n'eût peut-être pas échappé à la mort, s'il n'eût trouvé un refuge dans un café voisin.

Voilà les mœurs que l'empire nous avait faites. La brutalité autoritaire avait éveillé la brutalité populaire.

Si la révolution du 4 Septembre n'était survenue pour améliorer les dispositions morales et faire naître la garde nationale, plus puissante que la police pour maintenir l'ordre, on ne sait quelle horrible proportion eussent pris les désordres et les voies de fait qui mettaient en sérieux danger la sécurité publique.

L'affaire Lentillon, échauffourée de la Croix-Rousse, eut un caractère essentiellement politique, franchement révolutionnaire, qui la distingua des désordres sans nom dont je viens de parler.

L'impérialisme, qui montrait une quasi-impuissance, ou tout au moins une grande mollesse à réprimer les désordres qui n'intéressaient que la sécurité des citoyens, montra, au contraire, une vive ardeur à réprimer la tentative révolutionnaire de Lentillon, qui menaçait directement le trône et la dynastie de Napoléon III.

Douze des acteurs de cette échauffourée, traduits devant le conseil de guerre siégeant solennellement dans la salle des assises au Palais-de-Justice, crurent leur vie menacée et atténuèrent autant que possible, devant des juges qu'ils estimaient impitoyables, le caractère révolutionnaire de leur tentative, dont les péripéties, tournant vite au tragique, avaient été marquées par la mort du sergent de ville Carrican.

Mais la vérité, la voici :

Devant la perspective des abîmes où l'empire entraînait la France, devant le spectacle de l'incapacité et de l'imbécillité de Napoléon III, qui devaient coûter tant de larmes et de sang à la nation, ce n'étaient pas seulement les républicains, mais aussi maints patriotes de tous les partis qui désiraient la chute de l'empire, persuadés que le salut de la patrie en dépendait.

Toutefois, ils n'étaient pas très-nombreux ceux qui étaient disposés à payer de leurs personnes pour provoquer cette chute ; et, d'autre part, entre ceux dont le courage civique n'eût pas reculé devant une tentative révolutionnaire, beaucoup hésitaient en se demandant s'il était opportun de compliquer d'une révolution la situation affreuse où nous avait jetés Napoléon III.

Les meilleurs esprits étaient perplexes, et pourtant plus on envisageait la situation, plus on se persuadait qu'elle aurait une horrible issue si son principal auteur n'était détrôné.

Dans ces circonstances, le 13 août, après nos premiers et terribles désastres, Joseph Lentillon, exalté par les malheurs de la patrie, ne calcule plus ce qu'il lui en pourra coûter, il se résout à se sacrifier généreusement, s'il le faut, et, montant à la Croix-Rousse, il va sur la place de ce démocratique faubourg faire un appel à la population, l'engageant à se réunir en colonnes imposantes et à venir avec lui à l'Hôtel-de-Ville demander pour le salut de la France le gouvernement républicain.

Pour haranguer le peuple, Lentillon s'était juché sur le piédestal de la croix, dont le nom a été donné au faubourg. Comme il faisait un soleil ardent, une vieille femme vint, avec un vaste parasol rouge, se placer à côté de lui pour l'abriter des rayons.

Cette circonstance, qui donnait à la scène un côté comique, contribuait à attirer autour de l'orateur autant de curieux peut-être que de gens résolus à le suivre à l'Hôtel-de-Ville.

Aussi Lentillon discourut assez longuement sans qu'on se mît en marche. La police eut le temps d'accourir. Elle voulut mettre l'orateur en état d'arrestation ; mais, parmi les 12 à 1,500 personnes qui l'entouraient, il s'en trouva qui prirent sa défense. Le sergent de ville Carrican, qui avait dégaîné contre la foule, fut tué dans cette lutte — il s'enferra, dit-on, lui-même — et le secours de troupes de ligne fut nécessaire pour disperser le rassemblement et saisir Lentillon et quelques-uns de ceux qui le défendaient.

Lentillon n'avait pas d'arme et assurément, lui, le plus doux des hommes, véritable quaker, n'avait pas prévu de péripéties sanglantes. Il supposait, et peut-être n'avait-il pas tort, que, déjà au 13 août, une imposante démonstration eût pu suffire à renverser l'empire.

La foule qui l'entourait à la Croix-Rousse n'avait pas non plus d'armes ostensibles. Cependant la police ramassa sur le théâtre de l'échauffourée une espèce de poignard fait avec une longue happe dont la tête était enveloppée d'un bourrelet de chiffon formant poignée. Cette arme était vierge de sang, mais elle eût été très-meurtrière si l'on s'en était servi. A qui appartenait-elle ? Assurément pas à Lentillon l'humanitaire.

Mais quoiqu'on ne puisse attribuer à l'auteur de l'échauffourée de la Croix-Rousse la préméditation ni la prévision d'aucune péripétie sanglante, sa tentative était, à n'en pas douter, foncièrement révolutionnaire, et ce fut avec une certaine surprise, avec un véritable soulagement, qu'on vit le conseil de guerre juger sans trop de sévérité cette tentative, alors qu'une sentence impitoyable était à redouter et était désirée par quelques impérialistes avec tant d'ardeur que l'un d'eux, reporter de journaux officieux de Paris, n'y tenant plus, s'écria pendant le cours des débats : « Ces révolutionnaires ont mérité la mort, il faut les fusiller ! » — Etrange retour des choses d'ici-bas : le fils de ce malheureux reporter a été pris les armes à la main parmi les insurgés de la Commune, et fusillé. Le père est mort fou de désespoir.

Quoiqu'elle eut avorté, la tentative de Lentillon laissa à quelques audacieux la persuasion que l'empire était à la merci d'un coup de main, et ces audacieux projetèrent d'embaucher des mobiles pour tenter avec eux de prendre l'Hôtel-de-Ville d'assaut et d'y proclamer la République. Mais ce ne fut qu'un projet. Pour faire éclater victorieusement la colère populaire, il fallait que l'édifice impérial ait été couronné par l'infâmie de Sedan.

VIII

LE 4 SEPTEMBRE

Dans son fameux rapport sur les événements de Lyon, M. de Sugny, entre quantité de fausses appréciations, en a cependant émis une assez exacte sur la situation, la veille de la révolution du 4 Septembre : « Depuis, dit-il, les défaites de Wissembourg, de Reischoffen et de Forbach, l'empereur était moralement détrôné. L'écroulement fut complet après Sedan. »

Au 4 Septembre, en effet, le peuple eut moins à renverser le pouvoir odieux désormais à tous, qui venait de choir, qu'à réinstaller la République proscrite au 2 décembre.

Cette réinstallation n'offrit pas à Lyon beaucoup de difficulté, je puis le dire, ayant été témoin des événements.

Voici comment les choses se passèrent :

L'édifice était couronné; l'empire, né dans le sang de Décembre, venait de finir dans la boue de Sedan.

Au milieu de la nuit du 3 au 4 septembre, des affiches annonçant la monstrueuse capitulation voulue par Napoléon III avaient été apposées sur divers points. Ainsi, à la première heure du matin, la patriotique population lyonnaise fut informée de la honte infligée à nos armes et du danger qu'allait courir la nation, mise, pour ainsi dire, à la discrétion de Guillaume et de Bismarck par l'homme funeste qui venait de livrer nos armées à l'ennemi.

Aussitôt l'émoi et l'indignation s'éveillent parmi la population. Dès six heures, quelques groupes se forment aux Terreaux. On parle de faire appel à la garde nationale, instituée depuis quelques jours mais non armée; quelques hommes disent qu'ils vont réunir les hommes de leur section et qu'ils les améneront devant l'Hôtel-de-Ville. On annonce que des gardes nationaux sont déjà réunis au Lycée.

Entre sept et huit heures, les rassemblements deviennent très-nombreux place des Terreaux, place de la Comédie; MM. Hénon, Crestin, Durand, Chepié, et beaucoup d'autres notabilités démocratiques, se trouvent dans les rassemblements. Il y a aussi un groupe d'une cinquantaine d'hommes résolus, ouvriers, employés, petits industriels, et portant des armes cachées, cannes à épée, pistolets, haches, marteaux et jusqu'à des pique-feu, à défaut d'autre chose.

De ces rassemblements partent quelques cris et des clameurs, mais il y a encore parmi le plus grand nombre, même chez ceux qui sont armés, une certaine hésitation à envahir l'Hôtel-de-Ville. Lutter avec des marteaux et des pique-feu contre des baïonnettes et des chassepots, c'est une affaire périlleuse.

Cependant, un homme ardent et décidé harangue

ceux qui l'entourent pour les entraîner à l'assaut de l'Hôtel-de-Ville.

Les plus vaillants l'écoutent, et une centaine d'hommes environ, sortant de la foule, s'élancent, gravissent rapidement le perron de l'Hôtel-de-Ville et se précipitent dans le vestibule. Les sergents de ville et les soldats postés là ne font pas de résistance; un sang précieux est épargné. Les républicains pénètrent jusqu'au cœur de la préfecture sans qu'un sabre ni un gourdin leur barre le passage.

Quelques groupes isolés entrent à la suite de la courageuse avant-garde républicaine, et, d'instant en instant, le nombre des envahisseurs augmente, mais le gros de la foule reste sur la place.

Aussitôt maîtres de l'Hôtel-de-Ville, les républicains s'occupent de proclamer la déchéance de l'empire. Quelques-uns d'entre eux préparent une affiche ainsi conçue :

RÉPUBLIQUE FRANÇAISE
Commune de Lyon.

« Les malheurs de la patrie nous dictent notre devoir. Nous décrétons l'armement immédiat de la nation, la déchéance de l'empire et la proclamation de la République. »

Cette affiche est signée : *Le Comité provisoire de salut public :* Ch. Beauvoir, Cordelet, L. Chaverot, Moussy, Em. Vollot, Reynier, Gros, Griffe, Tarre, Soubrat, Bonnet, Fournier, Lombrail.

Le préfet Sencier, fait prisonnier au fond de ses appartements, est amené sur le balcon de l'Hôtel-de-Ville, d'où la République va être proclamée devant la foule qui se trouve rassemblée sur la place des Terreaux.

Le préfet veut parler à cette foule, d'où s'élèvent les cris : « Des armes ! le peuple veut des armes ! » Mais la voix de M. Sencier est haletante, étranglée, étouffée par l'angoisse. — Il songe peut-être aux dossiers de proscription des républicains, qui viennent d'être découverts dans les papiers secrets de la préfecture, et que ses gens n'ont pas eu le temps de brûler entièrement.

M. Steiner-Pons, qui se trouve auprès de M. Sencier, explique alors d'une voix forte et claire que M. le préfet engage le peuple à patienter, qu'il va télégraphier à Paris ce qui se passe, et qu'aussitôt la réponse arrivée, c'est-à-dire dans une demi-heure ou une heure au plus, les armes réclamées par le peuple seront probablement accordées.

Mais la temporisation demandée par le préfet éveille la défiance et ne fait que précipiter les événements ; on se dit que ce n'est point vraisemblablement une dépêche de Paris qu'il attend, mais bien l'arrivée aux Terreaux des troupes de la garnison mandées en toute hâte.

Un orateur, M. Durand, placé à une extrémité du balcon, s'écrie : « Citoyens, ne différons pas, proclamons de suite la République ; crions tous : Vive la République ! »

Des milliers de voix lui font écho.

A cette bordée de vivats républicains, éclatante comme un coup de tonnerre, quelques douzaines de gens mêlés à la foule en sortent vivement et s'enfuient effarés comme un vol d'oiseaux timides. Ces braves gens sont probablement d'honnêtes plébiscitaires, dont l'énergie civique ne tient pas même devant la mitraille des vivats. L'empire avait là de bien faibles soutiens

Les vivats calmés, le peuple est invité par des orateurs du balcon à prendre possession de l'Hôtel-de-Ville. Tout d'abord un seul homme, un ouvrier en blouse et agitant sa casquette, répond à l'invitation ; mais, à un appel ultérieur, la foule pénètre comme un torrent dans le grand vestibule, puis, de là, partout à l'intérieur. Un homme escalade le dôme du beffroi et y arbore un drapeau rouge qui avait été, un instant avant, arboré pendant quelques minutes à une fenêtre du vestibule, puis retiré devant quelques protestations.

En un clin d'œil l'Hôtel-de-Ville regorge des flots du peuple.

La révolution est accomplie. Pas une goutte de sang n'a été versée. Il est environ huit heures. Cependant les événements peuvent encore tourner au tragique. Les occupants de l'Hôtel-de-Ville se sont armés de quelques fusils, qu'ils ont trouvés cachés dans les combles et sous un escalier. Si les bonapartistes prenaient l'offensive, il y aurait un combat sanglant.

L'arrivée des troupes aux Terreaux est attendue avec une certaine anxiété. Elle n'a lieu que plus tard, orsque déjà de nombreuses colonnes populaires ont, de plusieurs quartiers de Lyon, convergé sur l'Hôtel-de-Ville. A l'heure où le poste de l'Hôtel-de-Ville doit être relevé, un détachement de la ligne vient pour occuper ce poste ; mais entourés par la foule, rue Lafond, les soldats lèvent la crosse en l'air, et, malgré quelques protestat'ons de l'officier, le détachement rebrousse chemin.

Des troupes plus nombreuses arrivent ensuite, elles sont saluées des cris formidables : « Vive la République ! Vivent nos frères de l'armée ! »

Beaucoup de soldats s'associent à ces cris, et tous, quelques officiers exceptés, manifestent leur peu de disposition à agir contre le peuple ; l'infanterie lève la crosse en l'air, les cavaliers rengaînent leur sabre. — La nouvelle République ne subira pas le triste baptême du sang. — Les officiers font reprendre aux troupes le chemin de leurs casernements. Mille acclamations fraternelles et républicaines éclatent.

La guerre civile a été prévenue, il s'agit maintenant de préserver la ville de l'anarchie. L'administration bonapartiste n'existe plus, les fonctionnaires ont quitté leur poste, l'autorité militaire n'est plus présente à l'état-major de la place, il faut de toute nécessité improviser une autorité provisoire. Le peuple, réuni sur la place des Terreaux, proclame un comité de salut public chargé de prendre toutes les mesures nécessaires pour organiser le gouvernement républicain, la défense de la patrie et le maintien de l'ordre.

Ce comité est composé des citoyens :

Chepié, Despeignes, Langlade, Guillaume, Carlod, Barodet, Baudy, Gros, Vincent, Bonnet, Tissot, Duguerry, Vaille, Chapitet, Chanoz, Laurent, Cannet, J. Grinand, Roux, Chol, Chaverot, Michaud, Verrières, Maire, B. Garnier, Cler, Charavay, Comte, Michaloux, Henry, Andrieux, Lentillon, Agnon, Durand, Grosbois, Favier, Maynard, Chanal, Castanier, Soubrat, Beauvoir, Perret, Crestin, Guillerme, Fournier, Bouvatier, Velay, Gandy, Rossigneux, Bruyat, Jacques. Ychalette. Bergeron, Vindry, Montfouilloux, Mariller, Rufin, Belon, Cottin, Borel, Chavent, Didier, Garel, Jeannin, Vollot, Fouillat.

Ce comité prend, entre autres mesures, celles de faire battre le rappel pour convoquer les gardes nationaux et les armer, et de déléguer à des citoyens dévoués les pouvoirs nécessaires pour remplir provisoirement les fonctions de maires dans les six arrondissements de la ville, dont toutes les mairies ont été occupées par les républicains sans plus de difficulté que l'Hôtel-de-Ville.

Sont délégués comme maires les citoyens :

Carle, pour le premier arrondissement ; Castanier, pour le deuxième ; Crestin, pour le troisième ; Comte, pour le quatrième; Josserand, pour le cinquième; Hénon. pour le sixième.

Une des premières mesures prises encore par le comité, c'est l'occupation des bureaux du télégraphe central par une délégation appuyée d'un certain nombre de citoyens. Des dépêches annonçant la proclamation de la République à Lyon sont envoyées de suite à toutes les villes du Midi. On envoie une dépêche conçue dans le même sens à Paris demandant au gouvernement, représenté par le ministère Palikao, s'il adhère à la révolution. Palikao répond par une dépêche dont voici le sens : « Quelle est l'attitude de la garde mobile en face de la révolution accomplie à Lyon ? »

Cette dépêche annonçait des vélléités de répression plutôt que d'adhésion.

Sous peine d'avorter et de rester exposée à être comprimée par le pouvoir central, il faut donc que la révolution de Lyon se propage dans tout le sud-est. Des citoyens, ayant pour but cette propagande, partent immédiatement dans plusieurs grands centres de la région pour activer les adhésions au mouvement révolutionnaire et républicain.

En attendant, on reste dans l'ignorance de ce qui se passe à Paris, et l'on fait toutes sortes de conjectures.

Pour avoir des informations sûres, je me rends en toute hâte dans un bureau télégraphique, où j'ai un ami, et j'apprends positivement par lui que jusqu'à midi, heure à laquelle je viens prendre l'information, il n'y a rien eu à Paris. Je porte cette nouvelle bien certaine aux occupants du télégraphe central et à quelques autres acteurs de notre révolution spontanée. La nouvelle les étonne, mais ne les émeut pas ; elle ne fait qu'activer leur zèle révolutionnaire ; ils jouent bravement la partie. Leur vie est l'enjeu.

Tandis qu'au centre de la ville se passaient les événements que je viens de narrer, à Perrache, une foule ardente assiégeait la prison pour délivrer les prisonniers politiques. Entre neuf et dix heures, une bande de quinze à vingt jeunes gens, portant un drapeau rouge et chantant la *Marseillaise*, était partie de la place de la Comédie en annonçant qu'elle allait délivrer Andrieux et Lentillon. Cette bande s'était tellement grossie en route que plus de deux mille personnes assistaient à l'attaque de la prison, dont les grilles furent forcées ; heureusement les soldats ne firent point feu sur la foule, malgré les résistances du directeur, sinon une tuerie allait avoir lieu.

Les détenus politiques délivrés furent ramenés en voiture à l'Hôtel-de-Ville, escortés d'une centaine de citoyens et de plusieurs soldats du poste de la prison, qui s'étaient joints au cortége armés de leurs fusils. A Bellecour, où je le vis passer, le cortége fut salué à plusieurs reprises des cris de vive Andrieux ! vive la République!

Un curieux épisode marqua le début de la journée à la Croix-Rousse. Cinq ou six citoyens, apprenant qu'un mouvement révolutionnaire a lieu aux Terreaux, se rendent de suite sur le boulevard du démocratique faubourg;ils crient « Vive la République ! » Ils annoncent que la République va être proclamée à l'Hôtel-de-Ville ; ils engagent la démocratie de la Croix-Rousse à prendre part au mouvement pour aider à son succès.

Vains efforts ; on les traite d'agents provocateurs, on refuse de se joindre à eux.

Nos vaillants républicains sont désolés. Ils se demandent ce qu'il faut faire ? L'idée leur vient alors de se procurer un tambour pour battre le rappel.

Le moyen réussit ; il leur arrive des milliers d'adhérents, dont une bonne partie se rend aux Terreaux pour coopérer à la révolution.

Un épisode analogue se passe aux Brotteaux. Entre six et sept heures du matin, quelques citoyens munis d'un tambour et d'un drapeau rouge battent le rappel sur le boulevard du Nord. Ils parviennent ainsi à réunir une colonne de républicains résolus qui marche sur l'Hôtel-de-Ville, où elle arrive des premières, prêtant à la révolution un utile concours.

L'occupation de la mairie de la Guillotière fut encore une de ces particularités qui méritent d'être racontées.

Je tiens les renseignements qui suivent du docteur Crestin :

Vers neuf heures du matin, M. le docteur Crestin, conseiller général du troisième arrondissement, revenait de l'Hôtel-de-Ville avec quelques citoyens qui, comme lui, avaient pris part à la proclamation de la République. Arrivé devant la mairie de la Guillotière, il y entre pour informer la municipalité de ce qui venait de se passer. Pénétrant dans la salle du premier étage, il y trouve un des suppléants du me, lequel, avant même que M. Crestin lui ait rien écrie : « Ah ! je vous attendais pour vous remettre les pouvoirs. » Et sur cela il abandonna la mairie.

M. Crestin, tout surpris de cette prompte abdication municipale, ne recula cependant point devant le fardeau qui lui incombait. Il sortit sur le balcon et là, élevant la voix, fit connaître aux passants peu nombreux — il n'y avait pas encore de rassemblements sur la place — ce qui venait d'avoir lieu.

Les soldats du poste, y compris l'officier, ne firent aucune démonstration hostile.

La foule s'amassa bientôt sous le balcon de la mairie. Alors M. Crestin proclama solennellement la République, et, afin que l'administration ne restât pas désorganisée, pria la foule de désigner par acclamation un comité provisoire d'administration.

On répondit de la foule qu'on priait M. Crestin de désigner lui-même des noms. C'est ce qu'il fit. Les noms désignés furent acclamés par le peuple, et ainsi se trouva constituée l'administration révolutionnaire de la Guillotière, dont M. Crestin fut nommé président. Un drapeau rouge fut arboré à la mairie ; la foule applaudit, puis elle se dispersa ; il n'y eut pas le moindre trouble, la moindre violence ; rien que des vivats.

Un peu plus tard, M. Hénon, maire de Lyon, confirma l'acclamation populaire de M. Crestin en lui déléguant les pouvoirs d'officier de l'état civil.

Voilà comment fut organisée pacifiquement, sans complications, sans violences, une administration, révolutionnaire sans doute, mais dont on a voulu à tort faire un épouvantail.

Je ne connais pas d'épisodes du 4 Septembre à citer, en dehors de ceux que je viens de faire connaître.

M. de Sugny, qui voit partout des complots dramatiquement machinés, parle d'une bombe qui éclata sous les fenêtres de la préfecture le 3 septembre, à huit heures du soir ; c'était, dit-il, le signal convenu pour la révolution.

Cette bombe peut être considérée comme apocryphe, et voici pourquoi :

D'abord la révolution du 4 Septembre a eu le caractère de la spontanéité. Il est tellement vrai que rien n'était décidé d'avance que c'est seulement après minuit que furent avertis des hommes qu'il faut considérer comme les chefs du mouvement. On m'a rapporté qu'en recevant l'avis qu'un mouvement révolutionnaire républicain allait être tenté vers six heures du matin, M. Hénon resta songeur une minute, puis répondit simplement et courageusement : «J'y serai!»

Si les chefs de la révolution du 4 Septembre n'ont appris qu'après minuit que le peuple était disposé à un mouvement, comment auraient-ils fait jeter à huit heures du soir une bombe sous les fenêtres de la préfecture ?

Je suis tenté de croire que s'il y eut une détonation sous les fenêtres de la préfecture le 3 septembre, elle provenait d'un simple et inoffensif pétard lancé par des gamins, lesquels en tiraient souvent, par amusement, dans les groupes nombreux rassemblés chaque soir autour de l'Hôtel-de-Ville.

Un soir, mais bien avant le 3 septembre, au sein

d'un groupe compact, une violente détonation retentit ; c'était un coup de pistolet fortement chargé tiré en l'air. Il y eut un instant d'émoi, d'autant plus que le fait se passa au beau moment des exploits des gourdins réunis. Est-ce cette détonation que M. de Sugny confond avec celle d'une bombe ? Quoi qu'il en soit, l'auteur de ce coup de feu alarmant ne fut pas arrêté. On supposa que c'était un agent provocateur.

M. de Sugny prétend, bien à tort encore, que la population lyonnaise fut plongée dans une sorte de stupeur par la révolution du 4 Septembre.

Il y eut un moment d'anxiété le matin tant qu'une lutte avec les bonapartistes parut à craindre ; mais dès qu'on eut vu les troupes fraterniser avec le peuple, on se rassura, l'anxiété provoquée par la crainte de la guerre civile se dissipa de suite.

Dans l'après-midi, on apprend que la République a été proclamée à Marseille, à Valence, à Saint-Etienne. On pressent qu'il en sera de même à Paris avant le soir. La satisfaction est peinte sur tous les visages. On est heureux d'être débarrassé de l'empire qui pesait sur la nation comme un cauchemar.

On espère que la République obtiendra la paix ou sinon l'imposera. Aussi l'aspect de la ville n'a rien de sinistre, les boutiques sont ouvertes, les rues pleines de promeneurs, comme en un jour de fête. Morne la veille, anxieuse le matin, la population est maintenant animée, pleine d'espérance. C'est une vraie fête, le soir, lorsqu'on apprend officiellement la proclamation de la République à Paris et la constitution d'un gouvernement provisoire. La dépêche qui annonce ces événements est lue du haut du balcon de l'Hôtel-de-Ville à la foule rassemblée sur la place. Des applaudissements, les plus vives démonstrations éclatent au sein de la foule. On lit ensuite cette dépêche dans la cour de l'Hôtel-de-Ville, qui regorgeait d'hommes armés, auxquels on avait distribué des cartouches et qui se préparaient à la résistance si les bonapartistes avaient tenté un retour offensif. Les applaudissements et les démonstrations sont les mêmes que sur la place.

Malgré l'effervescence qui accompagne forcément toute révolution, aucun désordre grave ne vient compromettre la sécurité générale. Quelques hommes seulement, considérés comme des mamelucks du bonapartisme, ont été inquiétés. M. Sencier, retenu prisonnier, est étroitement gardé à vue à la mairie de la Croix-Rousse. C'est le fonctionnaire le plus exposé à la vindicte populaire, à cause des dossiers de proscription découverts à la préfecture. Les autres prisonniers, particulièrement les hommes de la police, ont été arrêtés pour qu'ils ne puissent agir contre la révolution et amener des complications qui pourraient être sanglantes.

La majorité de la population, qui connaît toutes ces circonstances, n'est nullement alarmée. D'ailleurs l'armement de la garde nationale la rassure sur le maintien de l'ordre. Elle adhère de grand cœur à une révolution qui n'a rien de terrifiant.

Voilà la vérité sur la journée du 4 septembre, dont,

par esprit de parti ou par prévention, des écrivains ont tracé une peinture effrayante.

Les mêmes écrivains ont fait du comité de salut public un épouvantail, une sorte de spectre sinistre, artisan d'anarchie. Eh bien! une des premières affiches rédigées et apposées le 4 septembre par ce comité, c'est un écriteau placé dans tous les appartements de la préfecture et portant ces mots : *Respect à la propriété.*

C'est ensuite cette proclamation :

« Citoyens,

« Le comité de salut public recommande le calme, la dignité civique et le bon ordre. Toutes les mesures sont prises pour assurer la tranquillité de la ville, des biens et des personnes. En ce moment de régénération, nous devons tous apporter notre zèle et nos soins pour donner à la République française toutes les garanties de sécurité.

« Vive la nation ! Vive la République ! »

La population se montra docile à la voix du comité. Pas de déprédations à l'Hôtel-de-Ville. Un individu, qui tente de voler des couverts d'argent, est immédiatement arrêté par le peuple indigné. L'ordre et la tranquillité sont aussi parfaits dans la nuit du 4 au 5 septembre que pendant la journée. Les rapports adressés au comité établissent que la première nuit de la République, à Lyon, ne fut marquée par aucun crime ni délit.

Quelle révolution fut plus anodine et moins de nature à éveiller l'épouvante chez les honnêtes gens ?

Quelques mamelucks de l'empire ont pu s'effarer ; mais la masse de la population, non.

IX

LE PATRIOTISME LYONNAIS

Si, dans la journée du 4 septembre, l'explosion des sentiments républicains de la population lyonnaise prima toute autre chose, les journées suivantes virent éclater son ardent patriotisme.

Une vive indignation, une noble colère s'empara des citoyens dès qu'il fut bien avéré que la Prusse voulait continuer contre la République la guerre qui avait commencé du fait de Napoléon III.

L'élan patriotique de 92 se réveilla dans les cœurs défaillants auparavant.

La marche des Prussiens sur Lyon ayant été annoncée, cette nouvelle fut accueillie sans peur. Au lieu de broncher, toute la population prit au contraire une attitude énergique. héroïque, et toutes les mesures de défense décidées par le comité de salut public furent hautement approuvées. La proclamation suivante, du maire de Lyon, M. Hénon, répondait exactement au sentiment public :

« Plutôt que de subir la honte d'une reddition, la

« ville de Lyon sera défendue jusqu'à complet anéan-
« tissement. Seuls, les vieillards, les enfants et les
« femmes peuvent quitter la place. Les lâches devant
« l'ennemi seront considérés comme déserteurs, et
« leurs noms voués à l'infamie. »

Pour être en état de défendre au besoin leurs
foyers, les gardes nationaux montrèrent un empresse-
ment louable à assister aux exercices. Il n'était pas
rare de les voir par des temps affreux de pluie, de
neige, se rendre au Grand-Camp avec un entrain admirable en chantant la *Marseillaise*, pour aller apprendre le tir et les manœuvres. L'on vit même, pàr des
temps semblables, des bataillons de la Croix-Rousse
aller volontairement travailler aux tranchées.

Les cartouches et les balles faisaient défaut au début (l'empire avait laissé les arsenaux vides) ; on im-
provisa des ateliers pour leur fabrication. Quelques
jours après le 4 Septembre, on rencontrait à l'angle
des rues des fonderies de balles en plein air qui travaillaient jour et nuit. La vue de ces brasiers rouges
dans l'obscurité, de ces ouvriers, farouches de patriotisme, qui préparaient avec une fébrile activité les projectiles de la défense à outrance, c'était encore là un
spectacle qui impressionnait profondément et faisait
bondir les cœurs d'un viril enthousiame.

Mais où se montra dans tout son éclat le patriotisme lyonnais, c'est dans les enrôlements volontaires.

Une proclamation du comité de salut public, déclarant la patrie en danger, fut suivie de l'ouverture de

bureaux d'enrôlements volontaires sur les places publiques. D'abord on n'en ouvrit qu'un nombre restreint, mais ils devinrent bientôt insuffisants, tant les enrôlements furent nombreux. On dut en ouvrir sur tous les points : places des Terreaux, de la Comédie, de Bellecour, de Perrache, de la Guillotière, de la Croix-Rousse, etc.

Ces bureaux étaient agencés en forme d'autels de la patrie, décorés de tentures, de drapeaux, d'allégories.

Les enrôlements étaient annoncés par le son des clairons et des tambours, et ils étaient si fréquents que les sonneries ne cessaient point. Certains jours, le canon d'alarme tonnait de demi-heure en demi-heure, jetant dans la population un patriotique émoi. On a blâmé ces manifestations, ces mises en scène théâtrales, elles avaient cependant bien leur bon côté, puisqu'elles éveillaient l'enthousiasme populaire. Ah ! c'était un spectacle aussi réconfortant que saisissant de voir les volontaires affluer aux autels de la patrie en danger. Non-seulement des jeunes gens, mais des enfants de quinze à seize ans, venaient demander à être enrôlés pour la défense de la patrie, dans la marine, si on ne pouvait les recevoir ailleurs ; des écloppés, des femmes, s'enrôlaient pour les ambulances ; des hommes de 40 ans, des pères de famille, pour l'armée active. J'ai vu un cordonnier de cet âge environ, qui travaillait tranquillement dans son échoppe, la quitter tout à coup au bruit du canon d'alarme, et, en tablier de travail, tête

et bras nus, sans prendre le temps de se vêtir davantage, venir se faire inscrire sur le registre d'enrôlements en s'écriant : « Patrie, République, je vous dé-
fendrai ! » Cet homme pleurait d'une sainte et patriotique émotion.

Rien de semblable ne s'était vu avant le 4 Septembre. L'avénement de la République avait singulière-
ment amélioré et ennobli l'esprit public. Quelques
jours avant Sedan, l'empire, ne sachant plus de quel
bois faire flûte, avait ouvert des bureaux d'enrôlements
dans les mairies ; quelques gamins seulement s'y
étaient présentés. Après cela, il avait voulu singer la
Révolution, et, sous le péristyle du Grand-Théâtre, le
préfet Sencier avait fait installer une table recouverte
d'un tapis vert, débris d'un salon de jeu, sans doute,
en guise de bureau d'enrôlements. Au-dessus de cette
table, était placé un écriteau avec ces mots : *La Patrie
est en danger !* Il n'y eut point, paraît-il, plus de trois
engagements volontaires à ce bureau : La foule gogue-
narde traduisait ironiquement ainsi l'écriteau : *L'empire est en danger.*

En revanche, on estime à dix mille le nombre de
volontaires qui vinrent s'enrôler aux bureaux ouverts
après le 4 Septembre. Voilà une démonstration élo-
quente de l'ardeur du patriotisme lyonnais. Un député, qui n'est pas susceptible d'être accusé d'avoir
voulu flatter la population lyonnaise, dit que le département du Rhône a fourni, pendant la guerre de 1870,
un nombre d'hommes qui peut être évalué à 50,000, en
comprenant volontaires, soldats de l'armée active, mo-

biles et mobilisés. Si la France entière eût contribué pour une part semblable à la défense nationale, c'est près de 3,000,000 d'hommes qui eussent pu être opposés aux Prussiens.

Une chose non moins sublime que l'élan du patriotisme lyonnais, ce fut le dévouement des volontaires étrangers qui vinrent générensement offrir leur sang pour la défense de la République française, Garibaldi le premier. Il vint des volontaires de l'Italie, de la Grèce, de la Roumanie, de la Pologne, de l'Autriche, de l'Espagne, de l'Amérique. Lyon était, pour ainsi dire, leur quartier général, et au balcon de la maison du passage des Terreaux, où étaient installés les bureaux du comité de la guerre, on voyait flotter les drapeaux de toutes ces nations unis au drapeau français.

L'idée d'une confédération des peuples naissait à la vue de ces trophées, et l'espérance de la voir se réaliser était caressée volontiers par la population lyonnaise encline aux idées généreuses, fussent-elle des utopies.

Tandis que le militarisme prussien rêvait violence, conquête, primauté de la force sur le droit, on rêvait à Lyon que le concours de tous les nobles cœurs venus de tous les pays pour défendre avec les patriotes français la liberté et la République, serait le germe de la prochaine union de toutes les nations libérales et de la paix européénne.

Ces grandes espérances devaient être déçues. Le talon de la botte prussienne devait écraser le germe fécond. Mais il renaîtra, et le sang des Bosak-Hauké, de tant d'autres volontaires étrangers, mêlé sur les champs de bataille à celui des patriotes lyonnais, a cimenté les premières assises des Etats-Unis d'Europe.

X

LA TENTATIVE DU 28 SEPTEMBRE

S'il fut jamais tentative étrange, c'est celle du 28 septembre. Contre qui, contre quoi était-elle au juste dirigée ? Il serait bien difficile de le dire.

Prélude de cette tentative, une affiche anarchique ou plutôt insensée, placardée la nuit, s'étalait le 28 septembre matin en divers endroits.

On y lisait, entre autres choses abracadabrantes :

« Le paiement des impôts et des hypothèques est suspendu.

« Les tribunaux sont remplacés par la justice du peuple.

« L'Etat étant déchu ne pourra plus intervenir dans le paiement des dettes privées »

Le nom significatif d'Albert Richard figurait parmi les signataires de cette affiche, qui provoquait le rire, la pitié et même l'indignation. J'ai vu, à la Guillotière, un ouvrier en blouse témoigner d'une vive colère en la lisant, la taxer d'affiche favorable aux Prussiens, puis l'arracher.

Un homme bien vêtu, en paletot, tenta d'ameuter la foule contre cet ouvrier. Une rixe peu grave heureusement s'en suivit. L'honnête ouvrier finit par s'échapper des griffes de l'anarchiste.

Dans quel but avait été affiché l'appel au désordre contresigné Albert Richard?

La population ne s'en rendit compte qu'en apprenant l'envahissement de l'Hôtel-de-Ville par une bande à la tête de laquelle se trouvait Saigne.

Comment qualifier semblable échauffourée?

On m'a communiqué un curieux récit des événements du 28 septembre écrit par un de ceux qui y prirent part.

Dans ce récit, je trouve l'appréciation suivante :

« L'échauffourée qui eut lieu à Lyon le 28 septembre peut se résumer dans ces mots : une manifestation patriotique compromise par les manœuvres d'agents bonapartistes. »

Sans accepter toutes les appréciations, ni garantir l'exactitude des renseignements de l'auteur de ce récit, je vais en citer la plus grande partie :

« La population lyonnaise, inquiète de la marche rapide des Prussiens, demandait avec une impatience fébrile qu'on armât tous les citoyens valides, qu'on préparât la résistance le plus rapidement. Les nouvelles désolantes qu'on recevait à chaque instant du théâtre de la guerre ne faisaient qu'augmenter l'intensité de ces dispositions. Malheureusement la nouvelle municipalité, qui avait trouvé les caisses municipales vides, manquait de ressources financières pour s'oc-

cuper activement de l'armement et ne savait à quel
moyen recourir pour se procurer ce nerf de la guerre.
Aussi, à cette date du 28, elle n'avait encore pris aucune mesure sérieuse et, dans le public, on s'irritait
de ces lenteurs désespérantes. Aux délégations qui se
succédaient à l'Hôtel-de-Ville, l'on répondit que l'on
attendait des ordres du gouvernement central, mais
qu'il fallait patienter, que l'on savait où acheter des
fusils, qu'il manquait des fonds, etc., etc.

« C'est sur ces entrefaites et pour s'occuper de la
question qui dominait toutes les autres, la question de
la défense nationale, que les comités républicains
réunis des Brotteaux et de la Guillotière provoquè-
rent une grande réunion à la salle de la Rotonde
le 25. Dans cette réunion, on parla de la nécessité de
stimuler la municipalité, de l'aider dans son œuvre et
de chercher les moyens de lui procurer les ressources
dont elle était dépourvue. Une commission fut nommée
par acclamation avec mission de choisir dans son
sein, après l'issue de la séance, une délégation de
quelques membres chargés de s'aboucher avec le comité central, qui siégeait au palais Saint-Pierre, lequel déléguerait également quelques-uns de ses membres, afin de rédiger en commun un programme des
mesures urgentes à prendre.

« Au moment où la commission nommée à la Rotonde procédait, dans une salle dépendante de cet
établissement, au choix de la délégation, il se produisit un incident qu'il est nécessaire de rappeler. Le
nommé Saigne fut traité de mouchard par un citoyen

auquel il renvoya l'épithète. Ce que voyant, la commission décida que jusqu'à ce qu'un jury d'honneur ait statué sur ces deux citoyens, il y avait lieu de les tenir à l'écart. Le nom de Saigne, qui avait déjà été proposé pour la délégation, fut rayé de la liste et cinq noms furent définitivement choisis pour s'entendre avec les délégués du comité central et du comité de la Croix-Rousse.

« Ces délégués, après deux longues séances, arrêtèrent les bases du programme à présenter au conseil municipal et décidèrent qu'ils iraient en corps le porter à celui-ci à sa plus prochaine séance, qui se trouva le 28. (Ce programme doit se retrouver dans les archives du conseil municipal.)

« A partir de ce moment, voici ce qui se passa :

« Saigne avait été profondément irrité de se voir évincé de la délégation. . . . .

. . . .

. . . C'est alors qu'il s'aboucha avec Bakounine, Albert Richard et Gaspard Blanc qui, sous prétexte de s'occuper des questions sociales de l'Internationale, n'attendaient qu'une occasion pour créer des difficultés à la nouvelle municipalité républicaine. Dans une réunion qu'ils tinrent, cours Vitton, ils résolurent de renverser la municipalité et de mettre à exécution tout un programme extra-révolutionnaire. Pour réussir, ils faisaient proposer à la réunion des délégués par Albert Richard, qui en faisait partie, de se faire appuyer par une manifestation populaire, mais les délégués refusèrent énergiquement.

« C'est alors que, sûrs de l'heure où la délégation devait se rendre à l'Hôtel-de-Ville, ils imaginèrent d'y amener les ouvriers qui travaillaient aux fortifications hors ville. Une circonstance malheureuse rendit facile ce projet dont Saigne se chargea spécialement. La municipalité, par suite de la pénurie de ses finances, ayant diminué de 50 centimes la journée de travail, il en était résulté chez les ouvriers un mécontentement que Saigne exploita habilement. Aidé de quelques citoyens, qui le croyaient de bonne foi, il parcourut tous les chantiers et annonça que les comités républicains devaient faire une manifestation le 28 pour obliger le conseil municipal à prendre des mesures énergiques et se donna comme délégué pour inviter les ouvriers à venir appuyer de leur présence cette manifestation et réclamer en même temps les 50 centimes qu'on leur avait diminués.

« Leur projet de tenter un coup de main contre la municipalité était si bien arrêté qu'ils songèrent à assurer leur lendemain. en cas de réussite, en confiant le commandement en chef des forces qui les défendraient à un homme sûr. C'est alors qu'ils jetèrent leurs vues sur Cluseret qui était à Lyon, sollicitant de la municipalité des fonds nécessaires pour la création d'un corps d'armée et d'un système de défense d'après les principes de la guerre moderne aux Etats-Unis . . . .

. . . .

« Arrivons maintenant à la journée du 28 septembre.

« Les délégués s'étaient donnés rendez-vous dans la salle des Pas-Perdus de l'Hôtel-de-Ville pour midi précis. Il était convenu qu'ils attendraient là que le conseil municipal entrât en séance à l'heure habituelle (une heure du soir), et qu'ils lui remettraient alors le résultat de leurs délibérations, sous forme de programme, et l'engageraient à se mettre vivement à l'œuvre en lui promettant l'appui et le concours des comités.

« A l'heure convenue, les délégués arrivaient à l'Hôtel-de-Ville et furent invités à attendre dans la salle du conseil d'arrondissement.

« Ils étaient là depuis environ trois quarts d'heure, lorsque tout à coup il se produisit une agitation extrême dans la foule qui stationnait sur la place des Terreaux en quête de nouvelles de la guerre, et une colonne d'hommes en blouse, drapeau en tête, déboucha par la rue Puits-Gaillot, fit silencieusement le tour de la place et vint se ranger devant l'Hôtel-de-Ville. Cette foule avait complétement envahi la place.

« Qu'était-elle? que voulait-elle? se demandaient les délégués qui ignoraient la trame ourdie par Albert Richard et Gaspard Blanc.

« L'on apprit bientôt que c'étaient les ouvriers des chantiers qui venaient réclamer une augmentation de leur salaire. Presque aussitôt un homme, coiffé d'un large chapeau à la Bolivar, le cou enveloppé d'un foulard rouge, surgit du milieu de la foule, supporté par quelques individus. C'était Saigne. S'adressant aux passions de cette foule, il la harangua. . . . . . .

. . . .

. . . . . puis il l'engagea à entrer à l'Hôtel-de-Ville avec lui.

« Pendant quelques instants, la garde nationale, échelonnée sur les marches de l'escalier, empêcha la foule d'envahir ; mais, pressée de toutes parts et bientôt désarmée, elle dut céder à l'émeute qui envahit l'Hôtel-de-Ville, Saigne en tête. . . . . La clef de la grande salle des délibérations du conseil municipal fut prise de force au concierge.

« Aussitôt la foule se précipite, comme une avalanche, par l'escalier de service. A partir de ce moment, ce fut un véritable désordre. Une quantité de curieux et parmi eux quelques-uns des délégués, dont la mission se trouvait retardée, vinrent dans la grande salle envahie par Saigne et son monde, afin de voir ce qui allait se passer.

Dès que Saigne fut dans la salle du conseil municipal, son premier soin fut de se présenter sur le grand balcon de l'Hôtel-de-Ville et de recommencer, dans un speech interminable, ce qu'il avait dit en bas parmi la foule; il ajouta qu'on allait nommer une commission qui administrerait provisoirement la ville, en attendant le remplacement légal du conseil municipal incapable. Puis, rentrant dans la salle et apercevant Cluseret, il l'invita à venir prendre la parole et annoncer qu'il acceptait le commandement des troupes de Lyon.

Cluseret prit la parole, mais pas dans le sens attendu et désiré par Saigne ; il reparla de son projet de défense, engagea les citoyens à être calmes, et déclara qu'il serait imprudent de renverser la municipalité, que cette manifestation serait un avertissement pour elle, et qu'il fallait que les citoyens l'aidassent de leurs conseils. Saigne était furieux de ce que Cluseret venait de dire, et lorsque celui-ci rentra dans la salle, ils eurent ensemble une vive altercation. De plus, Saigne attendait pour agir Bakounine, Albert Richard et Gaspard Blanc, qui, paraît-il, étaient fort occupés dans d'autres parties de l'Hôtel-de-Ville ; et, pendant ce temps, Saigne ne prenait aucun parti. . . . . .

. . . .

Le conseil municipal s'était réfugié au Palais-Saint-Pierre, où il délibérait pendant que ces événements se passaient à l'Hôtel-de-Ville. « Saigne, qui causait toujours avec Cluseret, mais avec moins d'animation, n'avait encore pris aucune décision, lorsqu'un homme monta sur la chaise du président du conseil municipal et engagea les citoyens présents à former un bureau. Saigne fut nommé président de ce bureau, ce qu'il n'accepta pas immédiatement. Le général Cluseret fut investi du commandement des gardes nationales. Ces nominations, ainsi que celles de tout le bureau, furent présentées à l'approbation de la foule qui stationnait devant l'Hôtel-de-Ville.

« Les portes de la salle étaient soigneusement gardées par des ouvriers, et nul ne put plus circuler sans un laissez-passer signé du président ou du secrétaire. Le bureau songeait à donner des ordres, mais comme

le secrétaire ne pouvait y suffire, on requit des citoyens qui étaient là en curieux. Il fut arrêté que
Cluseret irait à la Croix-Rousse soulever les bataillons
pour venir défendre le nouveau comité . . . . . .

« Il était environ trois heures. Mais le temps perdu
par Saigne avait été bien employé par le maire, l'honorable M. Hénon, et par le commissaire extraordinaire, Challemel-Lacour. Ils avaient fait entrer par la
place de la Comédie des compagnies de gardes nationaux qui s'étaient emparées des avenues. Bakounine,
Perraton, Bastellica, Cluseret, avaient été arrêtés
dans la cour, et le comité était complétement cerné.
Instantanément, un citoyen vint annoncer ce qui se
passait. Saigne alors s'élance sur le balcon, crie à la
foule que les ennemis viennent de cerner le comité, et
que le général Cluseret est arrêté.

« Aussitôt, une clameur immense part de cette
foule, qui se rue à l'assaut de l'Hôtel-de-Ville. Les
gardes nationaux croisent la baïonnette et repoussent
l'avalanche une première fois ; mais la furie augmente
dans les masses, qui s'apprêtaient à revenir à la
charge, lorsqu'une compagnie de francs-tireurs, qui
stationnait dans la rue Lafond depuis plus d'une demi-
heure, et qui était venue chercher des bons pour avoir
des munitions de guerre et prendre son ordre de départ, s'élance à la baïonnette contre les gardes nationaux, qui se replient en désordre dans la cour où,
suivis de près par les francs-tireurs, qui paraissent dé-
cidés à se battre, ils lèvent la crosse en l'air et se
rendent.

« La foule avait suivi les francs-tireurs et envahi l'Hôtel-de-Ville, qui se trouvait de nouveau au pouvoir du comité de Saigne. Bakounine et ses amis, qui avaient été arrêtés, furent délivrés et sautèrent à leur tour sur Challemel-Lacour et Hénon, qu'ils arrêtèrent. Ce fut une véritable mêlée, où tout le monde se prenait à la gorge. Heureusement, il n'y eut pas de mort d'homme à déplorer ; un seul coup de fusil fut tiré par les gardes nationaux, mais n'atteignit personne. Les francs-tireurs n'avaient pas de cartouches.

« Alors Saigne, pressentant le danger qui le menaçait, invita les ouvriers à aller prendre leurs fusils et à revenir se mettre au service du comité . . . . .

« Toutes les avenues furent occupées par les émeutiers, auxquels on offrit à boire et à manger dans la salle des Pas-Perdus. Il leur fut même délivré des cartouches.

« Bientôt, les bataillons hostiles au comité arrivèrent sur la place des Terreaux presque en même temps que ceux de la Croix-Rousse et de la Guillotière. Ils se placèrent en face les uns des autres. Les fusils furent chargés, et l'on ne peut dire quels effrayants malheurs seraient arrivés, si un seul coup de fusil eût été tiré d'un côté ou de l'autre. C'eût été la guerre civile. Heureusement, les bataillons ouvriers refusèrent de soutenir le coup de main qui voulait renverser la municipalité. Les commandants et officiers de ces bataillons s'abouchèrent avec ceux des bataillons bourgeois, et décidèrent qu'il fallait d'abord parle-

menter avec le comité, et lui déclarer que s'il voulait
se dissoudre tout de suite, il ne serait pas recherché
pour l'illégalité commise, et passible de pénalité.
Mais c'était précaution superflue. Les principaux meneurs avaient jugé prudent de déguerpir sans attendre davantage, et lorsque les officiers entrèrent dans
la salle, suivis du conseil municipal, Saigne, Bakounine, Albert Richard, Gaspard Blanc, avaient disparu.
Il ne restait plus que quelques personnes. Alors les
quelques membres de la délégation qui avaient attendu
intervinrent, et lirent au conseil municipal le programme qu'ils devaient lui remettre à midi. Une lé-
gère discussion eut lieu, et les délégués se retirè-
rent. Il était près de sept heures.

« Ainsi se termina l'affaire du 28 septembre. »

XI

LE MEURTRE DU COMMANDANT ARNAUD

Il n'est peut-être pas d'exemple qu'une nation ait subi les revers de la guerre sans que l'affolement qui en résulte n'ait engendré quelque crime. Je crois qu'il faut expliquer ainsi, par une sorte d'affolement démoralisateur, le meurtre, à Lyon, du commandant Arnaud, après la sanglante affaire de Nuits.

Le combat de Nuits eut lieu le 18 décembre. Le 19, au matin, des rumeurs se répandirent dans la ville anxieuse : nos légionnaires avaient été égorgés, disait-on ; des première et deuxième légions du Rhône, il en restait à peine quelques-uns.

Ces nouvelles douloureuses étaient répandues surtout par des femmes, parmi lesquelles il y avait des filles soumises, qui disaient partout que leurs maris, leurs frères ou leurs fiancés avaient été menés à la boucherie par un colonel des autorités préfectorale et municipale.

Par une coïncidence malheureuse, il y avait ce jour-là réunion publique à la Croix-Rousse (salle Valentino). Le but de cette réunion était assez inoffensif : un nommé Bruyas avait entrepris de fonder un journal par souscription ; il colportait de quartier en quartier des listes pour les souscripteurs. Afin de faire une propagande plus efficace, il s'était concerté avec Denis Brak, fondateur de l'*Excommunié*, pour organiser une série de réunions publiques, et ils avaient choisi pour tenir la première réunion la salle Valentino. Voilà par quel concours de circonstances il y avait réunion, à la Croix-Rousse, le lendemain de la bataille de Nuits. Sous l'impression des événements et des rumeurs, la question du journal céda le pas à des questions plus brûlantes. Les femmes avaient fait irruption dans la salle, et leurs imprécations déterminèrent l'effervescence des passions hostiles aux autorités républicaines de Lyon. La réunion se prolongea toute la nuit. Une manifestation révolutionnaire fut projetée.

Le 20, au matin, une trentaine de femmes vêtues de noir, portant des drapeaux noirs et rouges, parcourent les principales rues de la Croix-Rousse, puis se rendent à la préfecture, où leur manifestation dégénère en scène de comédie déplorable.

Pendant ce temps, la réunion, qui se tenait en permanence à Valentino, fait, sur la motion d'un assistant, mander le citoyen Chavent, commandant d'un des bataillons de la Croix-Rousse.

Le commandant Chavent se rend à la sommation qui lui est faite au nom de la réunion,

Arrivé à Valentino, il s'entend intimer l'ordre de se mettre à la tête de ses hommes et de marcher sur l'Hôtel-de-Ville afin d'en expulser les autorités. Il résiste et déclare qu'il ne marchera que sur les ordres de son général.

Cette déclaration exaspère l'assistance ; le commandant Chavent est entouré et maltraité par la foule.

Pendant cet incident tumultueux, Arnaud, commandant d'un autre bataillon de la Croix-Rousse, venant à passer devant Valentino, entre pour secourir son collègue. On l'entoure et on le somme d'exécuter les ordres que Chavent vient de décliner.

Arnaud était un chef d'atelier ; il répond, avec une fermeté héroïque, qu'il refuse, et il sort de la réunion. Mais on le poursuit.

Une scène hideuse a lieu devant Valentino. Voici sur cette scène les détails que je trouve dans une lettre écrite par un témoin oculaire à un ami d'Arnaud :

« Mardi 20 décembre, à midi et demi, passant sur la place de la Croix-Rousse, je vois tout en émoi. Un chef de la garde nationale vient d'être renversé sur le pavé près de Valentino. Cet homme, c'était Arnaud. Il se relève avec rapidité. Il me semble qu'il est blessé à la figure ; il tient un petit pistolet à la main et regarde ses adversaires qui le tiennent en joue. Au même instant, j'aperçois une jeune fille qui accourt vers lui. Elle le saisit par le bras en lui parlant et se retire presque aussitôt de quelques pas. Un individu s'élance alors sur le commandant Arnaud et le désarme. Celui-ci, qui paraît exaspéré, prend une autre arme, un revolver, et se recule sans perdre de vue ses agresseurs, qui le poursuivent, la baïonnette en avant, jusqu'au milieu de la place. Là, je vois encore près d'Arnaud la jeune fille qui le suivait pas à pas, voulant évidemment le sauver. Arnaud, serré de près, fait feu de trois coups de revolver pour se défendre. (Personne n'est atteint, les coups ont dû être tirés en l'air.) Arnaud franchit le marché, mais un agresseur le poursuit, lui mettant sa baïonnette contre la poitrine. Voyant Arnaud perdu, la jeune fille se croise les bras. A ce moment, il est de nouveau renversé à terre. La jeune fille cherche encore à aller à son secours. J'eus peur en la voyant s'approcher, car celui qui avait renversé Arnaud avait l'air si acharné contre le malheureux que j'ai craint pour elle. Cependant le commandant parvient à se relever et se retire près des maisons. La jeune fille s'approche contre une fermeture pour la faire ouvrir, tout en ne perdant pas de vue la victime, elle voudrait faire entrer Arnaud dans une maison pour le sauver ; mais tout est fermé, et tout reste fermé.

« Le commandant Arnaud est acculé. On s'empare de lui en criant : « Il faut le fusiller ! »

« A ce moment encore, la jeune fille continue son œuvre de dévouement pour la victime. Apercevant plusieurs officiers de gardes nationaux qui viennent d'arriver sur le théâtre de l'événement, elle s'avance vers eux et implore leur secours pour Arnaud, en disant que le commandant Arnaud n'a pas tort, qu'il n'a fait feu que pour se défendre. Ces officiers n'ajoutant aucun crédit à ce qu'elle disait ; la jeune fille, pour les convaincre, leur dit : « Vous me connaissez depuis assez longtemps pour savoir que je ne mens pas. » Les officiers répondent qu'on disait tout le contraire.

« Les courageux efforts de la jeune fille n'avaient servi à rien. Le malheureux Arnaud venait d'entrer dans la salle Valentino. »

Les détails précis de ce qui se passa à l'intérieur de Valentino me sont moins connus. Ce qu'on sait bien, c'est qu'un assistant de la réunion fit la motion de juger séance tenante le commandant Arnaud. Quelques femmes, qui assistent à la séance, se montrent les plus acharnées.

Un tribunal est organisé dans l'enceinte même du bal. Vraie parodie, ce tribunal se compose d'un accusateur public, de juges et d'un président.

Arnaud est accusé furieusement. Il a, dit-on, voulu trahir le peuple, sur lequel il a tiré avec des desseins homicides.

La réunion condamne à mort le pauvre commandant, coupable d'avoir tiré en l'air des coups de revolver pour échapper à une lâche agression de furieux qui le poursuivaient la baïonnette sur sa poitrine.

Aussitôt cette monstrueuse condamnation prononcée, quelques misérables s'improvisent les gendarmes et les exécuteurs d'Arnaud. Il est conduit du bal Valentino au clos Jouve, à un kilomètre environ, par le chemin du Boulevard. Le cortége passe devant la mairie bondée de gardes nationaux, qui restent l'arme au bras, sans bien se rendre compte du drame odieux. Le cortége passe encore devant une caserne où sont logés momentanément des mobiles, qui restent également inertes. La stupéfaction est telle que le terrible cortége marche, marche sans obstacle et presque sans interpellation jusqu'au clos Jouve.

Pendant le trajet, des femmes déchirent les habits d'Arnaud et l'injurient, des hommes le frappent, sa figure est ensanglantée. Arrivé au lieu désigné pour l'exécution, il montre sa poitrine en disant : « Osez et tuez-moi ! » Puis il dépouille sa tunique et se met à genoux à trente pas du peloton de ses meurtriers.

A un signal, après avoir crié : Vive la République ! il est frappé de mort.

La stupeur est grande à la Croix-Rousse, quand ce forfait est connu de tous. En ville, le rappel est battu et la garde nationale convoquée se masse aux Terreaux l'arme au pied.

Les versions les plus contradictoires circulent sur la mort d'Arnaud. Des émissaires affirment qu'il n'a été fusillé qu'après avoir fait lui-même plusieurs victimes. A défaut d'une version officielle, ce mensonge s'accrédite généralement et atténue, dans l'esprit public, l'horreur du meurtre commis sur Arnaud.

C'est seulement le lendemain du crime que toutes les circonstances en furent bien connues, et cela explique pourquoi l'indignation publique éclata avec plus de force alors que la veille.

Les officiers de la garde nationale de la Croix-Rousse témoignèrent publiquement de leur aversion pour les meurtriers d'Arnaud envers lesquels ils avaient été accusés, la veille, d'être disposés à l'indulgence. — Les officiers des 10e, 11e et 12e bataillons de gardes nationaux vinrent apporter au *Progrès* une protestation contre toute allégation de ce genre. La population de la ville entière témoigna par son attitude aux funérailles de la victime de la sympathie que lui inspirait Arnaud, dont le cercueil fut suivi de trente mille citoyens, Gambetta et Challemel-Lacour en tête.

Le 24 décembre, un journal, le *Drapeau rouge*, organe de l'opinion la plus avancée, déclara qu'il cessait de paraître, ne voulant pas que l'emblème qu'il représentait puisse être, dans une mesure quelconque, compromis dans l'assassinat.

Les ouvrières de la fabrique de cartouches de la Croix-Rousse avaient été accusées d'avoir pris part à la manifestation des femmes en deuil qui avait précédé la scène de meurtre. Elles protestèrent contre l'accusation. Beaucoup d'ouvrières honnêtes et tranquilles travaillaient à faire des cartouches, et sur le nombre de 450 que cette fabrique occupait, 425 n'avaient pris aucune part à la manifestation et déclarèrent ne pas vouloir être confondues avec les quelques malheureuses, prostituées pour la plupart, qui se trouvèrent mêlées au cortége qui conduisit Arnaud au clos Jouve.

En somme, aucune voix ne s'éleva à Lyon pour tenter de justifier le meurtre d'Arnaud, dont un repris de justice, Deloche, fut le principal auteur.

M. Ducarre dit dans son étrange rapport que ce sont les radicaux de l'Internationale qui avaient résolu la mort d'Arnaud, le regardant comme un transfuge.

Mais il n'apporte aucune preuve. Il me semble que si l'on veut admettre la préméditation, le coup monté, pour l'assassinat d'Arnaud, il serait bon de se rappeler que, dans les dossiers secrets trouvés à la préfecture, cet honnête et brave citoyen était noté comme *républicain dangereux*, *qu'on doit surveiller*. Mais quoique le bonapartisme ait prouvé qu'il est capable de bien des crimes, ce serait agir à son égard, comme M. Ducarre à l'égard du radicalisme, que rejeter sur lui, sans preuves, tout l'odieux de la mort du commandant Arnaud.

Un vent de meurtre semble souffler sur Lyon le jour de cette mort; moins de 24 heures après, un garde national des Brotteaux tue son officier, sans motif aucun, par une sorte de monomanie homicide.

Comment expliquer de tels crimes, si ce n'est par l'affolement démoralisateur engendré par les exagérations sur la défaite de Nuits, qui, en réalité cependant, était presque une victoire glorieuse, comme on le sut quarante-huit heures plus tard.

XII

LE MOUVEMENT DU 22 MARS

Il y a des moments d'aberration dans l'esprit public; c'est ainsi que peut s'expliquer le mouvement du 22 mars et la présence de républicains sincères, dévoués, dans le mouvement, comme il s'en trouvait dans la Commune de Paris, parmi des gens suspects, créatures du bonapartisme et de l'étranger.

Un malentendu préside à tous les événements du 22 mars. La démocratie lyonnaise était toute dévouée à la municipalité républicaine, à l'ordre de choses régnant à Lyon, à tel point quelle était tourmentée par l'inquiétude de voir l'Assemblée de Versailles porter atteinte à cet état de choses, particulièrement aux franchises municipales considérées comme le palladium de la liberté et de la République si chères à notre démocratie. Cependant des meneurs habiles font tellement dévoyer les esprits que le mouvement du 22 mars finit par être dirigé contre tout ce que les démocrates ont à cœur de conserver.

Le mouvement débute par une réunion d'officiers de la garde nationale dans laquelle la discussion dégénère en tumulte. La réunion se sépare sans avoir pris aucune décision. Mais diverses propositions ont été émises ; par exemple, que Lyon s'érige en Commune, que le maire ait le commandement de la garde nationale et même des troupes de la garnison, que le préfet cesse ses fonctions pour les laisser exercer par le maire.

M. Hénon reçoit une délégation, qui vient lui soumettre ces propositions. Il objecte que Lyon n'a pas à s'ériger en Commune, puisqu'il est en possession de grands pouvoirs municipaux et a une municipalité issue de suffrage universel.

Pendant ces pourparlers, le rappel a été battu à la Croix-Rousse et à la Guillotière. Les bataillons plus ou moins complets de ces quartiers sont arrivés sur la place des Terreaux. Les compagnies de garde à l'Hôtel-de-Ville leur livrent les postes. Une consigne sévère est donnée aux nombreuses sentinelles des nouveaux occupants qui gardent toutes les issues. Il faut avoir le mot d'ordre pour entrer et sortir, et même, à certains moments, il est interdit de sortir. Le préfet est prisonnier chez lui, gardé rigoureusement par des hommes armés qui ne le perdent pas de vue un seul instant. Son secrétaire, M. Gomot, est également prisonnier.

Une scène étrange se passe sous le balcon de l'Hôtel-de-Ville. Une centaine d'insurgés s'y pressent, et proclament la Commune, la destitution du préfet, du conseil municipal, des autorités militaires. Un drapeau rouge est arboré. Une commission provisoire est soumise à l'acclamation populaire ; voici les noms acclamés : Crestin, Durand, Perret, Veley, Bouvatier, Perraton, Blanc, Tissot, Favier, Garel, Jacquet, Poncet, Micoud ; la bonne moitié de ces nominations ont lieu sans le consentement des élus, et même à leur insu. Quelques meneurs du mouvement prononcent ensuite des discours décousus, presque incohérents. Tout cela se passe au bruit des applaudissements, des huées, des sifflets, des cris de « Vive la Commune ! » et « A bas la Commune ! » poussés par la foule réunie sur la place et dont les opinions paraissent également partagées. Et tout cela touche plutôt au grotesque qu'au terrible, si bien que tous les établissements publics des Terreaux restent ouverts, regorgent de consommateurs plaisantant sur cette parodie de révolution, et qu'on voit toutes les fenêtres encombrées de curieux et de curieuses, riant aux éclats du spectacle qu'offrent les Terreaux, où se déroulent des péripéties qui rappellent plutôt les séditions pour rire de certaines petites républiques américaines du Sud que celle d'un peuple grand et sérieux.

L'impression générale est que le mouvement avortera dans l'isolement et le ridicule. Aussi, dédaigne-t-on de le réprimer par la force, qui amènerait l'effusion de sang bien inutilement. Les troupes de la garnison, y compris de l'artillerie et quelques compagnies de marins, sont réunies autour de la gare de Perrache, attendant dans l'expectative la dispersion prévue de la sédition, et, dans tous les cas, prêtes à agir si l'on ne peut faire autrement. Ces troupes, ne dépas-

sant pas trois à quatre mille hommes, sont sous les ordres du général Crouzat qui, fort heureusement pour
le maintien de l’ordre, est assez sympathique aux
soldats comme à la population. Maître de la gare, le
général peut recevoir des secours s’il en est besoin.

Cependant les meneurs du mouvement poursuivent leurs projets. Le 23, ils occupent toujours l’Hôtel-de-Ville et le bureau central du télégraphe. Ils ont
amené du fortin abandonné des Charpennes, des pièces de canon qu’ils ont mises en batterie place‘ de la
Comédie et place des Terreaux ; ils envoient un ordre
signé de deux insurgés, enjoignant au directeur des
prisons de remettre en liberté, sans aucun retard,
tous les détenus politiques, y compris les condamnés
de l’affaire Arnaud. A cet ordre, en est joint un second, adressé aux bataillons de gardes nationaux de
la Guillotière, d’aider à la délivrance des détenus
politiques.

Mais ces ordres ne sont point suivis d’effet, et d’ailleurs, les condamnés de l’affaire Arnaud ont été, par
mesure de prudence, expédiés à la prison de Riom.
Revenus de leur premier entraînement, le plus grand
nombre des adhérents au mouvement se sont empressés de quitter l’Hôtel-de-Ville dans la nuit du 22
au 23, et, dès le matin de ce jour-là, il ne reste pas
beaucoup plus de cent gardes nationaux armés au
quartier général de la sédition, et encore, sur ce nombre, il n’en est pas la moitié ‘qui se montrent très-résolus. J’ai l’occasion de parler avec plusieurs insurgés ;
ils me disent : « Nous désirons bien que la garde na

tionale vienne relever nos postes pour nous permettre de nous en aller décemment. » Ils ajoutent : « Nous attendons la nuit prochaine pour nous esquiver, si nous ne sommes pas relevés.

Déjà, à ce moment, la reprise de l'Hôtel-de-Ville eût été facile, d'autant plus que les canons braqués avec ostentation aux deux entrées du monument, étaient là pour la forme, car les insurgés étaient absolument dépourvus de munitions d'artillerie.

Mais la longanimité fut poussée jusqu'au bout. On attendit encore.

Le dernier coup fut porté à la sédition par une proclamation des officiers de la garde nationale et une autre proclamation du maire, M. Hénon, toutes deux défavorables au mouvement, par une déclaration du *Progrès* conçue dans le même sens, par le refus rendu public de plusieurs démocrates bien connus, de faire partie de la commission provisoire de la Commune, et enfin par l'annonce de l'arrivée à Lyon des mobiles du Rhône ayant fait partie de la garnison de Belfort, qui réunissait toute la population dans un élan de patriotisme.

D'autre part encore, les insurgés étaient démoralisés par la perspectivve de la famine. Les bons de pain et de viande qu'ils envoyaient pour se procurer des vivres étaient refusés par les bouchers et les boulangers.

Ils persistèrent cependant encore dans la journée du 24. Mais, dans la nuit du 25, ils lâchèrent pied. A quatre heures du matin, le placard suivant, dont la rédaction accuse l'état de trouble d'esprit de ses auteurs, fut affiché : « Considérant que la Commune provisoire de Lyon, acclamée par la garde nationale, ne se sent plus soutenue par la garde nationale ; considérant que la garde nationale, en manquant à ce devoir de soutenir la Commune qu'elle a acclamée, les membres de la Commune se déclarent déliés de leurs engagements envers leurs mandants et résilient tous les pouvoirs qu'ils tenaient d'eux. »

Copie de cette affiche est envoyée, à la même heure, au préfet. Et l'éphémère Commune de Lyon s'évanouit, comme la neige qui fond rapidement au soleil d'avril.

Par un heureux concours de circonstances, notre ville avait traversé trois jours de troubles et d'agitation sans qu'un seul événement tragique se produisît. Aucun désordre autre part qu'à l'Hôtel-de-Ville. Et là même, malgré le désordre poussé à l'extrême limite, il ne se commet qu'un délit n'ayant pas le caractère politique. Il est le fait d'un individu, étranger à la sédition, mais qui profite des troubles pour s'introduire dans les appartements du préfet et y voler. Les insurgés eux-mêmes le surprennent en flagrant délit, le saisissent, et, pour sa punition, lui font traverser la ville avec un écriteau sur le dos portant le mot *voleur*.

Après les turpitudes, il est bon de parler d'un bel et réconfortant spectacle. Tel fut celui de la réception des mobiles lyonnais de la garnison de Belfort, qui eut lieu dans la journée du 29. La réception fut faite par la garde nationale en armes, des détachement des légions du Rhône et les autorités. Toute la population, dans des sentiments de patriotisme, s'associa à cette réception. Les mobiles furent accueillis au passage par une pluie de fleurs jetées par des milliers de dames non moins patriotes que leurs maris ou leurs frères. Des couronnes, des palmes, étaient offertes aux mobiles par les mêmes charmantes mains. On leur offrait jusqu'à des oranges, comme à des enfants chéris. Il n'est pas possible de donner une idée de toutes les démonstrations sympathiques dont ils furent l'objet.

Les défenseurs de Belfort méritaient bien cette chaleureuse réception, après tant de mois de fatigue et de souffrance, après tant de vaillants efforts pour conserver à la frontière française sa dernière forteresse.

L'héroïque et modeste Denfert, l'âme de la résistance de Belfort, s'était soustrait à l'ovation qu'on lui préparait en évitant de rentrer à Lyon en même temps que ses troupes.

A propos de Denfert, je dirai que l'outrage et le soupçon ne l'épargnèrent pas. Comme les triomphateurs romains, il avait parmi ses soldats des contempteurs amers.

Le jour de la réception des mobiles, causant avec un de leurs sous-officiers, j'entendis avec surprise celui-ci me poser cette question : Que pensez-vous de la conduite de Denfert à Belfort ?

— Qu'elle est tout simplement sublime, répondis-je.

— Allons donc, il nous a trahis !

— Mais il a conservé Belfort à la France.

— C'est vrai, il ne s'est pas mal comporté en cela, mais

je le soupçonne quand même de trahison, sinon d'être capable de trahir.

Voila encore un de ces exemples de l'aberration de l'esprit public causée par l'excès des malheurs de la patrie. Denfert, le noble défenseur de Belfort, soupçonné, c'est triste.

Pauvre patrie française, tu as été vaincue, moins peut-être par les forces de l'ennemi, que par les défaillances et les infirmités morales, dont les germes, éclos sur le fumier de l'empire, ne se développèrent que trop sous l'influence démoralisatrice des hontes et des revers qui, de Sarrebruck à Sedan et Metz, ne cessèrent de s'échelonner impitoyablement!

XIII

L'INSURRECTION DU 30 AVRIL

Les élections municipales, ordonnées par l'Assemblée de Versailles, avaient été fixées au 30 avril. Quelques jours avant le scrutin, la question de l'abstention commença à être agitée. La veille du vote, un homme politique assez influent à la Croix-Rousse apporta au *Progrès* une communication défavorable aux élections et déniant à l'Assemblée « non constituante» le droit de les ordonner.

Le *Progrès* n'inséra point cette communication. La situation du pays était trop douloureuse pour l'aggraver par un conflit. Et puis les élections municipales devaient avoir assurément pour résultat une éclatante affirmation des sentiments républicains de la population lyonnaise : une écrasante majorité était assurée aux candidats les plus dévoués à la République. Il eût fallu être aveuglé pour entraver de semblables élections.

Le 29 avril, à une heure où j'étais seul aux bureaux du *Progrès*, je reçus la visite d'un jeune homme qui s'annonça comme rédacteur d'un journal de Paris et demandait à entretenir M. Véron , le rédacteur en chef du *Progrès*. Je lui dis qu'il était absent, mais qu'en ma qualité de secrétaire de la rédaction, je pourrais recevoir la communication.

Alors ce jeune homme me dit qu'il était délégué de la Commune de Paris — mais il ne m'en montra aucune preuve. — Il ajouta qu'il était chargé de s'informer si le *Progrès* était disposé à soutenir un mouvement à Lyon en faveur de la Commune. Je lui répondis qu'avec l'immense majorité des républicains lyonnais, le *Progrès* estimait que notre ville, en possession d'un conseil municipal absolument républicain et d'un maire également dévoué à la République, n'avait pas à se mettre en insurrection pour acquérir une nouvelle situation municipale qui ne saurait, quelle qu'elle fût, être meilleure que celle dont on jouissait. Je terminai en déconseillant vivement au délégué de poursuivre son projet, s'il était sérieux. ce que j'avais peine à croire, l'insuccès d'un mouvement quelconque étant trop certain pour qu'il se trouvât des gens assez insensés pour le tenter.

Le délégué me quitta en disant qu'il ferait part de mes paroles à ses amis.

Je ne le revis point et n'entendis plus parler de lui. Peut-être, éclairé par son entretien avec moi, comprit-il qu'il allait se fourrer dans un guêpier, et, abandonnant son projet, retournât-il à Paris, si vraiment il était délégué de la Commune. Mais ce personnage mystérieux pouvait être toute autre chose.

Malgré tous les indices précurseurs, et ils étaient

nombreux, d'un mouvement pour le 30 avril, il était permis de croire que ce mouvement n'éclaterait pas. tant il était d'avance condamné à un avortement misérable.

Ce ne fut donc pas sans surprise que le matin du 30 avril on apprit en ville que, dans la nuit, le rappel avait été battu sur certains points de la Guillotière, le tocsin sonné dans une église et des affiches insurrectionnelles placardées.

Entre quatre et cinq heures du matin, j'allai sur la place de la mairie de la Guillotière. Je vis une trentaine d'hommes armés, dont deux en costume militaire. un en costume de matelot et pas un garde national, qui barraient l'entrée de la porte de la mairie, où devaient avoir lieu les opérations électorales que les insurgés annonçaient hautement avoir l'intention d'empêcher. Le poste de la garde nationale, tout à côté, regardait avec une espèce d'indifférence ou plutôt en riant cette peu formidable insurrection qui ne paraissait vraiment pas sérieuse et semblait devoir se dissoudre avant une heure, faute d'adhésions, et sans qu'il fût nullement nécessaire d'employer la force. La sentinelle du poste continuait sa faction. Les autres gardes nationaux restaient réunis à l'intérieur du poste.

Persuadé comme tout le monde que, se voyant absolument isolés, les trente insurgés allaient se disperser sans autre incident, je n'attendis pas plus longtemps pour voir ce qu'il adviendrait et je me rendis au bureaux du *Progrès*, où m'appelaient mes occupations.

Vers sept heures je revins à la Guillotière voir ce qu'il était advenu. A mon grand étonnement, je vis le groupe d'insurgés toujours en armes et rangés au-devant de la porte de la mairie. Mais leur nombre était réduit de moitié ; seulement il y avait sur la place quelques groupes sans armes qui leur paraissaient sympathiques. L'heure où le scrutin eût dû être ouvert était sonnée, et l'on m'assura qu'à l'intérieur de la mairie, quelques citoyens dévoués avaient formé un bureau électoral malgré les menaces des insurgés. Il me vint à l'idée de faire une tentative. Je m'approchai des insurgés et leur demandai de me laisser passer pour aller exercer mes droits de citoyen, c'est-à-dire pour aller voter.

Le passage me fut refusé. Je leur dis alors : « Mais vous n'y songez pas, empêcher l'exercice du suffrage universel, c'est attenter à la souveraineté du peuple.» Et j'insistai encore une fois pour qu'on me laissât aller voter.

Deux ou trois insurgés me barrèrent le chemin d'un air farouche et, chargeant leurs fusils avec ostentation, me firent comprendre que mon insistance pourrait m'attirer des désagréments.

Je me retirai, et ce n'est point *de visu* que je puis parler de la suite des événements.

Avant midi, le bruit qu'on ébauchait des barricades à la Croix-Rousse s'étant répandu, j'allai voir ce qui s'y passait. Le faubourg n'avait rien d'exceptionnel. Beaucoup de promeneurs paisibles sur son boulevard, des joueurs dans les jeux de boules voisins, pas l'ombre d'un insurgé nulle part. Je redescendis en ville par la promenade des S, afin de jeter un coup d'œil sur les quartiers ouvriers de Serin et de Vaise. Tout était dans le plus grand calme dans ces quartiers.

M'étant un peu attardé, je ne rentrai en ville qu'entre six et sept heures et me dirigeai alors vers la Guillotière ; mais, arrivé rue de la Barre, je trouvai cette rue remplie d'une foule effarée qui avait été refoulée par un détachement barrant le pont de la Guillotière. On se battait sur la rive gauche.

Que s'était-il passé depuis le matin ? Comment la ridicule équipée d'une quinzaine d'hommes armés avait-elle fini par aboutir à quelque chose de sérieux, à une insurrection véritable ?

Je vais l'expliquer, d'après les renseignements que j'ai recueillis à bonne source, j'ai lieu de le croire, et qui concernent non-seulement les faits, mais aussi les causes du 30 avril.

La délégation municipale envoyée à Versailles auprès de M. Thiers pour tenter, en vue d'arrêter l'effusion du sang français, la conciliation avec la Commune, avait été, dès son retour à Lyon, assaillie par ses concitoyens qui voulaient l'entretenir. Les uns étaient résolus, les autres désespéraient de la situation. Ceux-ci maudissaient les élections du 8 février. Ceux-là proposaient les mesures les plus impraticables.

Les communications de la délégation municipale avec les membres de la Commune de Paris, notamment avec Félix Pyat, Delécluze et Vermorel, avaient eu pour résultat de convaincre ces derniers de l'inutilité d'une tentative de concours matériel. Ces chefs étaient tombés d'accord qu'il y aurait folie de prendre les armes à Lyon.

Thiers avait, de son côté, prévenu la délégation qu'en cas de soulèvement communal à Lyon, 30,000 hommes de troupes étaient prêts à marcher sur cette ville.

Instruite de ces circonstances, la partie la plus ardente de la population lyonnaise, la plus hostile à Versailles, était donc pénétrée de la nécessité d'attendre dans l'expectative la fin de la guerre civile engagée à Paris.

Mais le 27 avril arrivèrent à Lyon, comme délégués de la Commune, quelques hommes parmi lesquels Caulet de Tayac. Ils furent à l'Hôtel-de-Ville, où ils pénétrèrent dans le cabinet du maire de Lyon. M. le docteur Crestin et M. Barodet s'y trouvaient en même temps que M. Hénon. Aux propositions que les délégués de la Commune lui firent, celui-ci protesta d'abord, puis les engagea à se retirer pour le délivrer de l'obligation qu'ils lui créaient de les arrêter pour obéir à son devoir.

Les délégués causèrent ensuite avec MM. Crestin et Barodet, et cette conversation parut les convaincre de la folie d'un soulèvement. Ils avaient, la veille, sondé le comité central, qui s'était également prononcé contre un soulèvement.

Cependant, le 27, une réunion séditieuse eut lieu

chez Fredouillière aux Brotteaux. A cette réunion, pé-
roraient Albert Richard et Gaspard Blanc.

Après une vive discussion, où un conseiller municipal
demanda à Gaspard Blanc et à Albert Richard qui les
avait chargés de l'étrange mission qu'ils remplissaient,
la réunion arrêta l'abstention dans le vote pour l'élec-
tion d'un conseil municipal qui devait avoir lieu le
30 avril. Non-seulement la réunion résolut de propa-
ger l'abstention, mais encore d'empêcher les citoyens
de voter.

Le 28 avril, pendant la journée, un grand nombre
d'ouvriers se promenaient sur la place de la Guillotière. Ils s'étaient retirés des ateliers de la Buire, où
l'on avait subitement diminué de près de la moitié le
salaire de leurs journées. (On faisait des fusils dans
ces ateliers.)

La coïncidence de cette réduction avec l'agitation
qui commençait à s'accuser, frappa le docteur Crestin,
maire de la Guillotière, et, dès le soir, il avertit le
conseil municipal.

Le maire de la Guillotière et son adjoint furent en-
voyés auprès des directeurs des ateliers de la Buire.
Sur leur avis, une dépêche pressante fut envoyée à
M. Mangini, qui rétablit l'intégrité du salaire ordinaire des ouvriers jusqu'à nouvel ordre.

Le 29 avril, une réunion publique eut lieu salle
Guillerme, rue Sainte-Elisabeth. Le plan de conduite
pour les élections fut définitivement arrêté.

M. de Gourlet était alors chef de la police à Lyon.

Il dut être au courant de tout ce qui avait été arrêté dans cette réunion.

Les opérations électorales commencèrent dans les locaux ordinaires, à six heures du matin, dans l'agglomération lyonnaise. A la Guillotière, où les troubles étaient le plus à redouter, le maire, pour être prêt à se porter, au premier avis, sur le point indiqué, avait préposé un conseiller municipal à la présidence de chaque section de son arrondissement.

Vers six heures et demie, le secrétaire de la mairie de la Guillotière vient au domicile du maire l'informer que des hommes armés ont pénétré juqu'à la salle du vote de la mairie, où ils ont interdit l'urne et posté des sentinelles à la porte ; que le poste de garde nationale de garde à cette mairie, après une protestation de l'officier, ne se sentant pas en force, s'est vu obligé de rester l'arme au bras et de laisser faire. Tout autour de la mairie et comme des appuis non dissimulés, des hommes armés contre la liberté des électeurs, une foule de gens inconnus à la localité se pressent. Un tambour, escorté par cinq ou six individus, tellement imberbes qu'à peine on pouvait les appeler des jeunes gens, bat le rappel dans les rues.

Le maire, sans tarder, se dirigea vers la mairie. Il fut arrêté à la porte par la sentinelle de l'insurrection. Plusieurs gardes nationaux et officiers de la garde nationale l'entourèrent. Que fallait-il faire ?

M. Crestin se trouva fort perplexe. Il n'avait aucune autorité directe sur la garde nationale; le maire de Lyon seul pouvait lui donner des ordres. Les hommes qui s'opposaient à l'exécution de la loi du 14 avril étaient armés jusqu'aux dents, leurs fusils ostensiblement chargés. Encourager quelques nationaux à opposer la violence à l'oppression, c'était une responsabilité morale dont le maire de la Guillotière était effrayé. Etre par un zèle irréfléchi et irrégulier la cause peut-être d'une effusion de sang irréparable, cette perspective l'effrayait. Il fit demander un de ceux qui lui paraissaient les directeurs du mouvement et lui fit toutes les observations qu'il jugeait convenable, sans obtenir aucune satisfaction.

Cette première tentative ayant été sans résultat, il se décida à aller prendre l'avis de son adjoint. Ensemble ils vinrent à la mairie et essayèrent de nouveau de parlementer sans plus de succès. Ils convinrent alors d'aller avertir le maire de Lyon et le général de la garde nationale de ce qui se passait à la Guillotière.

Il était huit heures du matin. A ce moment, on vit distribuer de l'argent aux hommes qui avaient envahi la mairie par des messieurs inconnus et *d'une tenue irréprochable.*

Le maire de la Guillotière et son adjoint, arrivés à l'Hôtel-de-Ville, n'y trouvèrent ni le maire de Lyon, ni le général de la garde nationale, M. Bourras. Le chef de bureau de ce dernier les reçut. Il eut l'air surpris d'apprendre ce qui se passait à la Guillotière. Il proposa de faire prendre les armes à quelques bataillons de la garde nationale de l'intérieur de Lyon. M. Crestin s'y opposa vivement en faisant valoir ces considérations : La garde nationale est inerte à la Guillotière ; si vous envoyez des bataillons étrangers au quartier, vous aurez l'air de vous défier de son courage ou de ses dispositions ; la question deviendra une question de quartier contre quartier et, à la faveur de ce malentendu, l'échauffourée dégénérera en guerre des rues, qui se généralisera.

En dehors de cette proposition, le chef de bureau n'en fit aucune autre, craignant sans doute d'outrepasser ses droits en l'absence du général Bourras.

Le maire et son adjoint revinrent à la Guillotière. M. Crestin s'occupa de visiter les républicains les plus influents de son arrondissement, pour les prémunir contre tout entraînement dont la contagion serait alors devenue désastreuse. Il leur dit qu'il voyait la main du bonapartisme dans l'échauffourée, et il eut la satisfaction de se voir écouté. Cette mission que le maire de la Guillotière s'était donnée d'éclairer ses concitoyens sur la portée et sur le sens de l'insurrection, il la poursuivit à tous les moments de la journée que laissèrent libres ses démarches auprès des représentants de la municipalité, et auprès des hôtes peu commodes de sa mairie.

A dix heures et demie, il retrouva sur la place son adjoint qui, de son côté, faisait son possible pour obtenir une solution pacifique, et que la sentinelle insurgée venait de menacer d'un coup de fusil.

Le maire et son adjoint retournèrent ensemble à l'Hôtel de-Ville.

Au sortir du pont de la Guillotière, ils furent interpellés par Nardy, le commissaire de police du quartier, nommé après le 4 Septembre. Celui-ci allait également à l'Hôtel-de-Ville. Tous trois montèrent dans une voiture de louage. Ils ne trouvèrent pas encore cette fois M. Hénon à l'Hôtel-de-Ville, et se rendirent auprès du général Bourras.

Le général de la garde nationale était dans son cabinet.

Il entra dans une colère bruyante contre certains de ses subordonnés qui, dit-il, n'avaient pas rempli ses ordres et ne l'avaient pas averti. Il laissa échapper le mot de trahison, et remit à M. Crestin un ordre signé de sa main, destiné aux commandants des bataillons de la garde nationale du troisième arrondissement.

Le maire et son adjoint revinrent à la Guillotière. Aucun officier de la garde nationale n'était à leur disposition. Ils durent eux-mêmes se mettre à la recherche des commandants pour lesquels ils avaient des ordres. Ils ne purent les leur remettre avant une heure du soir. Cette circonstance expliquerait seule (et il en est d'autres, on l'a vu) le retard apporté à la dispersion de l'insurrection.

Entre une heure et deux heures, il vint à l'idée de M. Crestin de tenter encore un effort auprès de ceux qui occupaient la mairie. Il aborda l'un d'eux, qui lui paraissait avoir une certaine autorité : « Vous n'avez qu'un but, lui dit-il, c'est d'empêcher de voter; me promettez-vous, si je fais afficher que le vote est interrompu dans toutes les sections de la Guillotière, me promettez-vous d'abandonner la mairie ? » Et il lui fit lire un projet d'affiche qu'il venait de préparer.

Le jeune homme auquel le maire s'adressait était tellement ébranlé qu'il allait donner à ses *soldats* le signal de la retraite, quand la porte de la mairie, fermée depuis le matin, s'entrebâilla, et un initié qui, sans doute, avait l'oreille derrière cette porte, fit rentrer le jeune homme oublieux de sa consigne, et tout fut rompu.

Vers deux heures, un officier d'état-major de la garde nationale fut dépêché à la Guillotière.

Les officiers supérieurs étaient réunis dans une salle du rez-de-chaussée contiguë au bureau de la poste, à l'angle de la rue des Passants et du cours de Brosses ; l'officier d'état-major major s'y rendit, et le maire de la Guillotière y fut appelé.

Après une conférence où l'on chercha à s'éclairer sur la situation, les bataillons de la Guillotière furent convoqués en armes.

Ces bataillons se réunirent sur le cours de Brosses, ils débordaient vers la place de la Mairie.

Pendant qu'ils stationnaient, le maire et l'officier d'état-major furent délégués en parlementaire auprès des insurgés.

Le gros de ces insurgés avaient pris pour quartier général le café de la Mairie établi dans la maison même occupée par celle-ci, et donnant facilement sans sortir de la maison, accès dans l'intérieur des salles municipales. C'est là que les deux parlementaires se rendirent. Il était trois heures.

Ils se trouvèrent en face d'un groupe qui se grossissait et se diminuait suivant que les membres qui le composaient se détachaient, pour aller dans les salles de la mairie, ou que quelques-uns des occupants de ces salles venaient lui donner des instructions ou en recevoir des renseignements.

Pendant que l'officier d'état-major leur adressait les observations qu'il jugeait opportunes et que le maire allait de table en table pour s'assurer par lui-même de l'esprit de la majorité des hôtes de ce café, il fut interpellé directement par un des membres du groupe actif dont je viens de parler.

Cet individu se nommait Gaillard, et Caulet de Tayac le qualifia d'agent bonapartiste à l'audience du conseil de guerre où l'on s'occupa de l'affaire du 30 avril.

Il demanda brusquement au docteur Crestin : « Êtes-vous pour Paris ou pour Versailles ? »

Cette interrogation parut de suite au docteur Crestin un piége homicide.

S'il répondait : Je suis pour Paris, c'était sa condamnation inévitable dès que l'ordre serait rétabli, et il ne pouvait tarder de l'être ; s'il répondait : Je suis pour Versailles, il donnait un prétexte à Gaillard, qui lui paraissait fort mal intentionné.

Il fit donc cette réponse évasive : « Entre Paris et Versailles, il y a du chemin. »

Le même Gaillard lui demanda ensuite s'il avait reçu des instructions qui lui étaient destinées par la Commune de Paris.

Le docteur Crestin répondit qu'il n'avait aucun indice d'une pareille communication, sinon par l'avis qu'en avait donné au public un journal dont on connaissait les attaches, la *Comédie politique*. Que si ces prétendues instructions lui avaient été adressées, elles avaient sans doute été remises par le facteur à la mairie, ce qu'il ne pouvait savoir puisque l'accès lui en était interdit.

Le docteur Crestin constata le lendemain qu'aucune pièce ne lui avait été adressée à la mairie. Quand il reçut, le 1er mai, les pièces auxquelles Gaillard faisait allusion, il pensa que la conspiration bonapartiste, qui l'avait entouré de tous ses piéges, avait mal pris ses mesures, ou que la poste avait été négligente. Si, en effet, ces papiers avaient pu lui être remis devant tout le monde le jour de l'insurrection, sa complicité était proclamée.

Pendant que ces colloques avaient lieu au café de la Mairie, les commandants des bataillons rangés sur le cours de Brosses, notamment les 20e et 21e, avaient sondé les dispositions de leurs subordonnés. La plupart désapprouvaient le mouvement; mais presque aucun ne voulait marcher contre les insurgés. Les commandants se virent dans la nécessité de donner l'ordre de « Rompez les rangs. »

A ce signal, les bataillons se débandèrent, et l'on vit une cinquantaine de gardes nationaux aller se joindre aux insurgés avec un capitaine, nommé Bourret.

Ces nouveaux insurgés se précipitèrent vers la mairie, dont les portes leur furent immédiatement ouvertes. Le capitaine Bourret, muni du guidon rouge de sa compagnie, l'arbora à la croisée de la première pièce par où l'on passe pour pénétrer au cabinet du maire. En même temps, d'une forte voix, il proclama la Commune.

Au bout de dix minutes, la porte de communication entre le café et l'escalier de la mairie s'ouvrit brusquement. C'était le capitaine Bourret. Il traversa la foule qui le séparait du coin de la salle où le docteur Crestin se trouvait aux prises avec Gaillard et vint lui dire : « Les citoyens qui occupent la mairie m'ont chargé de vous prier de monter. Ils ont à vous parler. »

— Je n'ai rien à faire avec ces citoyens, répondit le docteur Crestin, à moins qu'ils ne soient disposés à évacuer la mairie.

Gaillard répliqua : C'est peut-être pour causer avec vous sur ce point qu'ils désirent vous voir. En tout cas, ils n'ont pas de mauvaises intentions vis-à-vis de vous. Montez toujours..... *Avez-vous peur ?*

Ces derniers mots déterminèrent M. Crestin, qui eut peur d'avoir l'air d'avoir peur, et monta avec Bourret.

Il fut reçu dans la salle de la mairie, qui est destinée à recevoir le public indistinctement. Une quinzaine d'hommes s'y trouvaient. La porte du cabinet du secrétaire en chef est contiguë à cette salle. Elle était entr'ouverte. Il parut à M. Crestin qu'une vingtaine d'hommes se trouvaient dans ce cabinet.

De temps à autre, quelques hommes allaient et venaient du cabinet du secrétaire en chef à la salle d'entrée. Pendant la discussion qui s'engagea entre M. Crestin et les insurgés installés dans cette salle, qui avaient l'air d'être les chefs de file du mouvement, les hommes qui se trouvaient dans la pièce à côté refluaient d'instant en instant, en nombre plus ou moins grand pour entendre ce qui se disait.

M. Crestin put ainsi constater que les occupants de la mairie formaient deux catégories morales, la première composée de gens ayant un plan de conduite, une fin à atteindre et des moyens préconçus, la seconde de ces gens impressionnables, spontanés, éminemment propres à être excités ou apaisés, conduits par les moyens oratoires des partis à la condition que les mobiles des meneurs leur soient suffisamment impénétrables.

Le porte-parole du groupe dirigeant s'adressant à M. Crestin lui dit : « Nous vous avons fait demander pour vous proposer de vous mettre à notre tête et à la tête du mouvement général. »

M. Crestin répondit : « Je ne puis accepter votre proposition. » Et il exposa longuement et énergiquement les raisons de son refus d'être en rien mêlé à une tentative qui allait aboutir inévitablement à une effusion de sang.

Là-dessus, la moitié des citoyens qui écoutaient le maire de la Guillotière eurent comme un mouvement d'adhésion tardive à ses paroles ; leur physionomie trahissait leur hésitation et les velléités qu'ils éprouvaient d'abandonner une entreprise qui ne pouvait qu'être désastreuse.

Mais un homme au visage froid, à la parole lente, se mit à répondre au maire qu'il n'y aurait pas d'effusion de sang, que les actes d'adhésion à l'organisation communale émanée de l'initiative de la Guillotiére allaient affluer de tous les points de la ville, que la garde nationale, par une démonstration imposante, allait paralyser les mouvements de la troupe ; et, à ces paroles, les pauvres simples insurgés, qui se laissaient abuser, reprirent leur physionomie du matin.

Pendant que M. Crestin s'efforçait, sans y parvenir, de prévenir un dénouement sanglant à cette journée, la porte de la salle qui donne sur l'escalier avait été fermée à double tour et un homme avait la main sur la clé.

M. Crestin restait vers la fenêtre, en vue du public qui remplissait la place de la mairie. Remarquant cela, des insurgés lui adressèrent plusieurs fois l'invitation de se soustraire aux yeux de la foule qui comprenait, par la nature de ces gestes, les difficultés de sa situation.

Il parlait encore lorsqu'il entendit des coups de canon à distance rapprochée. Il ne savait ce qui s'était passé en dehors depuis trois heures, mais il n'était pas mal aisé de présumer que ces coups de canon étaient le signal d'alarme et le dernier avis donné aux curieux et aux insurgés.

La position de M. Crestin devenait périlleuse ; la

porte lui était interdite, les hostilités allaient commencer, il se trouvait au milieu des insurgés et, sans doute,
la mairie allait être prise d'assaut. Il faisait ces ré-
flexions peu rassurantes, quand il entendit frapper
violemment à la porte de l'escalier.

L'insurgé qui gardait cette porte demanda : « Qui
est là ? »

— Capitaine de la garde nationale, répondit une
voix du dehors, ajoutant : « Ça presse ! »

L'homme preposé à la garde de la clé ouvrit la
porte, et un capitaine d'artillerie se précipita jusqu'au
docteur Crestin, en s'écriant : « Docteur, venez vite, il
y a là un homme qui se meurt!... »

La précipitation du capitaine, l'objet de son intervention stupéfièrent les insurgés et leur firent oublier
leur combinaison machiavélique de retenir le docteur
Crestin parmi eux, malgré lui.

Celui-ci se hâta de profiter de leur stupéfaction. La
porte était ouverte, il descendit les marches de l'escalier quatre à quatre, à la suite du capitaine.

Arrivé sur la place, ce dernier serra la main à M.
Crestin, en lui disant : « Il n'y a pas plus de malade
ici que dans mon œil. Le malade, docteur, c'était
vous. »

A ce moment, la compagnie de garde nationale qui
occupait le poste l'avait quitté à l'heure réglementaire,
mais n'avait pas été remplacée. Des insurgés en armes
occupaient ce poste. Ils occupaient également l'entrée
de la Grande-Rue, où s'élevait une barricade qui s'é-
tendait depuis le magasin de nouveautés du *Nouveau*

Monde, qu'elle débordait même, jusqu'à l'angle de la maison de la mairie, où les constructeurs avaient ménagé un étroit passage. A cette barricade , une femme excitait avec véhémence les insurgés. Une autre barricade s'élévait à l'entrée de la rue des Trois-Rois et une troisième vers la rue de Chabrol ; la résistance était donc préparée.

A cinq heures du soir, le 38ᵉ de ligne était dirigé sur la Guillotière. Sa marche fut à chaque instant interrompue et brisée par les flots de la population qui conjurait les soldats de ne pas user de leurs armes. Le 38ᵉ de ligne ne chargea point tout d'abord les insurgés.

On fit alors venir un bataillon de chasseurs, de la cavalerie et de l'artillerie.

Vers six heures, ces troupes, jointes au 38ᵉ de ligne, qu'on ramena à la charge, ayant en tête le général Crouzat, le procureur de la République Andrieux et le préfet Valentin, arrivent par trois points sur la place de la Mairie.

Des sommations sont faites par MM. Valentin et Andrieux. Un coup de feu répond aux sommations, et le préfet est atteint par une balle au mollet.

Une charge de cavalerie s'exécute alors. M. Andrieux se trouve sous les pieds des chevaux et pris entre deux feux. Il échappe par hasard à de si grands dangers.

Deux pièces d'artillerie sont disposées par la troupe devant la pharmacie Boissonnet ; elles tirent sur la mairie. Les portes volent en éclats. Les pierres des fenêtres sont entamées, les boiseries brisées. A l'intérieur, les volumes des *Bulletins des lois* sont éventrés par les obus, dont les éclats restent adhérents au dos de ces volumes mutilés.

La troupe pénètre bientôt dans la mairie et s'y établit. Aucun des insurgés qui l'occupaient ne se laisse prendre. Dès l'ouverture du feu, ils avaient prudemment décampé par des portes de derrière.

La défense des barricades fut plus sérieuse que celle de la mairie ; elle fut favorisée par la nuit qui était survenue.

Cours de Brosses, à l'angle de la brasserie Corromp, une vingtaine d'insurgés tentèrent la construction d'une barricade, mais, peu expérimentés, ils ne savaient comment s'y prendre, ni quels matériaux il fallait employer, ni quels étaient les moyens de faciliter leur travail ; sous une grêle de projectiles, ils arrachaient lentement quelques pavés et n'avaient pas même eu la précaution d'éteindre les becs de gaz, dont la clarté permettait aux soldats de les viser.

Un vétéran de la guerre des rues, un licencié ès-barricades, qui passait par là, prit en pitié ces candides et maladroits insurgés, et, quoiqu'il ne fût point des leurs, il leur dit : « Mais éteignez donc les becs de gaz, si vous ne voulez servir de cibles ; et puis, si vous voulez construire promptement une barricade pour vous abriter, allez donc dans le voisinage prendre un ou deux omnibus, qui sont justement à votre portée, et que vous renverserez sur la chaussée et garnirez de pavés. »

Les insurgés ne se firent pas prier pour éteindre les

becs de gaz, mais ils ne purent se décider à aller s'emparer d'un omnibus : « Ce serait prendre la propriété d'autrui, dirent-ils, et nous sommes d'honnêtes gens. Nous ne voulons pas qu'on dise que nous avons volé quelque chose ; nous ne voulons pas salir la cause populaire. »

Et ils continuèrent de se battre à découvert, aimant mieux exposer leurs poitrines aux balles que la carcasse d'un omnibus qu'il leur aurait fallu prendre à autrui.

Voilà certes une sublime délicatesse, qui démontre qu'à côté des coquins du bonapartisme, il y avait dans l'insurrection du 30 avril d'honnêtes égarés, des naïfs, croyant défendre la République. Il y a même lieu de dire que, parmi ceux qui persistèrent à combattre, il se trouvait plus de ceux-là que des bonapartistes, lesquels s'étaient esquivés une fois l'affaire engagée par leurs louches menées et leurs provocations habiles.

Quel était, approximativement, le nombre des insurgés qui prirent part au combat? Je l'ai entendu estimer à cinq ou six cents au maximum, et à cent cinquante au minimum. Parmi les combattants, il y avait des enfants et quelques femmes. On remarqua, dans la grande rue de la Guillotière, un enfant de quinze à seize ans qui, posté à l'angle d'un corridor, fit un feu d'enfer sur la troupe.

La fusillade fut si vive dans cette rue que, le lendemain, on n'y voyait pas une devanture qui ne fût pas criblée de balles. Sur le cours de Brosses, un véritable ouragan de fer avait dû passer, car on ne voyait pas un seul arbre de la promenade qui ne fût perforé.

Le nombre des victimes ne fut heureusement pas proportionné à la quantité des coups de fusils tirés.

Toutes les victimes ne furent pas frappées par le plomb ou le fer. Cours de Brosses, une jeune femme, dans un état de grossesse, mourut de terreur dans sa chambre. La guerre civile est souvent marquée de pareilles horreurs.

Quelques victimes furent atteintes très-loin du théâtre du combat, par exemple rue Creuzet, par des projectiles perdus.

Une autre circonstance : Vers trois ou quatre heures du matin, au moment où, aux premières lueurs du jour, l'insurrection s'était dispersée, me trouvant à l'entrée du pont de la Guillotière, au débouché de la rue de la Barre, pour prendre des informations, je remarquai là un individu aux allures cauteleuses qui allait de groupes en groupes, excitant contre les soldats. Un instant après, je retrouvai ce même excitateur, causant avec quelques soldats sur le quai et cherchant à attiser leur haine, en laissant entendre que les insurgés avaient tué beaucoup des leurs. Je me hâtai de démasquer cette hyène, qui trouvait apparemment que le carnage n'était pas suffisant, et qui s'enfuit lâchement aux premiers mots que je dis aux soldats pour démentir ses mensonges.

Quel était ce sinistre excitateur ? J'ai cru le reconnaître plus tard dans Nuée, un des trois complices de l'assassinat de Patricot, que je vis juger et condamner.

Une étrangeté de la journée du 30 avril. Le matin,

avant le combat, tout le monde se montrait du doigt,
sur le pont de la Guillotière, des passants isolés et inconnus, bien mis, portant des insignes rouges, et qui
faisaient tranquillement la navette entre la ville et le
faubourg, dans un but ostensiblement insurrection-
nel. Comment la police ne vit-elle pas ces meneurs
que tout le monde voyait, et, si elle les aperçût, pourquoi n'entrava-t-elle pas leurs allées et venues ?

Il y a des points inexplicables dans cette affaire du
30 avril.

Un épisode, qui rappelle les plus tristes excès des
guerres civiles, c'est celui dont M. Brialou, conseiller
municipal, faillit être victime. Il était en curieux sur
la place de la Mairie, l'après-midi, lorsqu'il fut re-
connu et interpellé désobligeamment par un insurgé.
Il voulut s'esquiver, mais l'insurgé lui barra le passage, en l'apostrophant plus fort. Perdant patience,
M. Brialou éleva la voix à son tour. Alors une troupe
d'insurgés se précipita furieusement sur lui, déchirant
ses vêtements, l'accablant de coups, si bien qu'ils lui
mirent toute la figure en sang. Les mauvais traite-
ments n'allaient peut-être point s'arrêter là, quand
tout à coup un officier de la garde nationale, M. V.,
s'élance sur le malheureux Brialou avec plus de violence encore que les autres assaillants ; il l'entraîne
brutalement du côté du poste, en disant que cet
homme est son prisonnier et qu'il n'échappera pas à
sa colère. La victime, se croyant perdue, lui résiste ;
mais l'officier a une poigne de fer, il traîne son prisonnier jusqu'à l'entré du poste, et là, en le poussant

brusquement à l'intérieur, il lui dit à l'oreille : « Je vous sauve la vie ! » Puis, se campant résolûment sur le seuil de la porte du poste, il en barre l'entrée aux furieux qui poursuivaient Brialou et s'écrie, pour leur donner le change : « Cet homme est mon prisonnier, je ne le laisserai pas délivrer ! » Un instant après, pour assurer davantage la sécurité de Brialou, il le fait jeter en prison et met les clés en lieu de sûreté. Un peu plus tard, Brialou put être rendu à la liberté.

Cet épisode, le piége qui fut tendu au docteur Crestin et dans lequel la main du bonapartisme était si évidente, montrent combien vite l'insurrection du 30 avril eût tourné au hideux si elle n'eût avorté dans son germe.

En s'abstenant de prendre part à cette insurrection, la démocratie lyonnaise prouva une fois de plus qu'elle n'est point dépourvue de raison et de modération et que, bien à tort, on l'a montrée comme toujours prête au désordre. Cette démocratie était cependant profondément irritée par les tendances monarchiques de l'Assemblée de Versailles ; mais, avec sa sagesse son patriotisme et son tact habituels, elle avait compris qu'avant de s'insurger, il fallait attendre si l'Assemblée oserait toucher à l'idole populaire chérie, à la République. Et c'est ainsi que furent épargnés, à Lyon, des événements qui eussent été non moins sanglants et déplorables que ceux de la Commune de Paris.

FIN.

TABLE DES MATIÈRES

ΛΛΛΛΛΛΛΛ

ERRATA

Page 3 de la couverture, lire, au lieu de « 29 mars » 22 *mars.*

Page 7, à la 29ᵉ ligne, lire : Du parjure et du crime triomphant.

Page 14, à la 7ᵉ ligne, lire : Toujours généreux.

Page 22, aux 9ᵉ et 10ᵉ lignes, lire : Les faits articulés par
lui étant vrais, historiques, il n'avait point menti.

Page 23, à la 13ᵉ ligne, lire : Commissaire spécial.

Pages 31, 48, 49, au lieu de « Vissembourg » lire : *Wissembourg.*

Page 62, à la 26ᵉ ligne, lire : Un vivat aussi.

Page 128, à la 3ᵉ ligne, lire : Quelques gardes nationaux.